U0513179

中国
工资收入分配
改革与发展

（1978~2018）

REFORM AND DEVELOPMENT
OF WAGE AND INCOME DISTRIBUTION
IN CHINA (1978-2018)

谭中和 等 著

社会科学文献出版社
SOCIAL SCIENCES ACADEMIC PRESS (CHINA)

编委会

主　编　谭中和

副主编　王　霞　刘军胜

执笔人　谭中和　王　霞　刘军胜　孙玉梅

　　　　胡宗万　常风林　王　宏　贾东岚

　　　　钱　诚　许英杰　肖婷婷

前　言

　　工资收入分配问题是国计民生的重大问题。工资既是发展经济、增强社会活力、提高劳动生产率的重要杠杆，也是与人民群众关系最密切、最直接、最现实的利益问题。对于大多数工薪阶层来说，工资也是劳动者及其赡养人群最主要的生活来源。"四十而不惑"，40年前，我国开始了改革开放的崭新篇章，历经40年的岁月变迁，我国发生了翻天覆地的巨变。作为国家社会经济重要制度之一的工资收入分配制度，也历经了40年的探索、改革、发展完善的过程。站在进入新时代的历史节点，回眸40年前，用历史的眼光审视我国工资收入分配制度改革发展的40年，可以更好地以习近平新时代中国特色社会主义思想为指引，立足经济社会发展全局，使人民早日过上美好生活，在更深的层面上推进工资收入分配改革，在更高水平上实现收入分配的公平公正，为实现中华民族伟大复兴、实现全体人民共同富裕的中国梦奠定收入分配的制度基础。本书是在承担人力资源和社会保障部2018年重大科研项目"改革开放40年工资收入分配重要史料研究"基础上整理而成，研究范围以工资性收入分配为主，不包括国民和居民收入分配以及再分配等内容。

　　本书按照时间顺序，利用翔实的资料总结了我国工资收入分配制度的演进、成效与经验，以及不同历史时期的改革举措，采用边叙边议、以叙为主的方式，着重分析了不同时期工资收入分配改革的指导思想、制度安排、具体政策、运行效果等。项目团队成员深入研究了党的十一届三中全会以来历届党中央重要会议、历年"两会"精神和政府工作报告，以及国家主管部门关于工资改革的重要文件、重要会议、重要讲话精神，访谈了不同阶段工资收入分配改革政策的参与者、见证者及亲力亲为者，并深入部分省市机关、事业单位、企业调研，在此基础上形成本书稿。

改革开放40年来，我国的社会经济发展呈现不同的阶段性特征，反映在工资收入分配制度上，是其在不同时期对劳动力资源的引导和配置以及在社会经济发展的各个时期发挥的重要杠杆作用，从而成为政府宏观调控、企业激励的重要手段和工具。将工资收入分配置于国家社会经济整体发展中去思考、分析，是本书研究的重要特色。

本书共分为两个部分七章，第一部分从理论和实践两个方面总结40年工资收入分配改革的经验、成效，是本书的重点；第二部分对工资收入分配改革的主要成就、基本经验和未来改革愿景及方向做了阐述。全书由中国劳动和社会保障科学研究院副院长谭中和组织、设计、统稿并执笔引言和第二部分，中国劳动和社会保障科学研究院工资收入分配宏观调控研究室主任王霞研究员、副主任胡宗万副研究员、王宏副研究员，企业薪酬研究室主任刘军胜研究员、副主任常风林等同志分别执笔第一部分各章节，工资收入分配宏观调控研究室副主任孙玉梅副研究员、许英杰博士，企业薪酬研究室肖婷婷、钱诚博士和贾东岚助理研究员分别收集整理了有关重要文献史料，贾东岚同志承担了大量的研究和联络等事务工作。特别感谢人力资源和社会保障部原副部长何宪同志、中国经济体制改革研究会会长宋晓梧同志、人力资源和社会保障部劳动工资研究所原所长苏海南同志，他们是我国工资收入分配改革的亲力亲为者和改革见证者，为本书提供了丰富而有宝贵价值的收入分配改革素材和史料，并对课题研究给予大力指导和帮助。感谢人力资源和社会保障部政策研究司的领导和同事对课题研究方向、方法及内容给予的指导帮助，感谢人力资源和社会保障部劳动关系司、工资福利司的领导和同事对文稿提出弥足珍贵的修正建议，同时感谢社会科学文献出版社给予的支持和帮助。由于课题组水平和能力限制，加上时间紧迫，我们深感本书存在诸多缺陷和不足，甚至错误，期待从事工资收入分配的前辈和专家学者及同事给予批评指正。

谭中和

目 录

第二部分　主要成就、经验总结与展望

附　录

引　言

　　改革开放 40 年来，在党中央、国务院一系列方针政策的正确指导下，我国工资收入分配制度改革积极稳妥地向前推进，并且表现出鲜明的阶段性特征，总结起来大致可以划分为以下几个阶段。

　　1978～1992 年是以恢复社会主义按劳分配原则为主要目标的改革探索阶段。新中国成立之后，在社会主义经济制度建设过程中，对社会主义计划经济条件下以按劳分配为原则的工资分配制度进行了初步探索。但由于过分强调按劳分配的过渡性、暂时性，以及可能导致的贫富悬殊和分配不公，尤其在"文化大革命"期间"左"倾思想的影响，按劳分配实际上演变成了平均主义大锅饭，甚至"按政治态度"分配。改革开放后，我国确立以经济建设为中心的发展方针，迫切需要在思想上肃清关于按劳分配的不正确观点，在实践中通过按劳分配激励干部工人积极努力工作，解放和发展社会生产力，促进劳动生产率的提高。1978 年，在邓小平的指导下，国务院政治研究室的同志撰写了《贯彻执行按劳分配的社会主义原则》一文，进一步强调"按劳分配就是按劳动的数量和质量进行分配。根据这个原则，评定职工工资级别时，主要是看他的劳动好坏、技术高低、贡献大小"①。

---

　　① 《邓小平文选》第二卷，人民出版社，1994，第 101 页。

这一阶段的主要改革内容是按劳分配原则的重新确立和工资收入分配制度改革探索。一是启动企业工资制度改革，打破"大锅饭"，赋予并逐步扩大企业分配自主权，全面恢复实行奖励和计件工资制度。二是改革国家与企业的分配关系，推行企业工资总额与经济效益挂钩制度，建立了工资随经济效益浮动的能增能减机制。三是构建工资分级分类管理体制，逐步扩大企业工资分配自主权。根据企业所有制、行业不同以及企业改制、竞争程度不同，实行分级管理、分类调控和分类指导的政策。四是进行企业内部工资制度改革探索。在国家政策指导下，各类企业开始打破八级工资制，进行自主选择内部工资制度探索，许多企业相继实行了结构工资制、岗位技能工资制、岗位绩效工资制，将个人劳动与企业效益挂钩，扩大工资差距，拉开档次，充分体现脑力劳动和体力劳动、复杂劳动和简单劳动、熟练劳动和非熟练劳动、繁重劳动和非繁重劳动之间的差异。

1993～2002 年为建立适应社会主义市场经济体制要求的工资制度改革创新阶段。改革开放以后我国的工资收入分配改革，是与我国所处历史发展阶段和经济建设目标模式相适应的，体现了生产力决定生产关系、生产关系决定分配关系的基本经济规律。党的十二大确定的社会主义经济体制是有计划的商品经济，其分配制度就是按劳分配，在具体的工资分配政策上，打破等级工资制，将分配与劳动成果、企业效益等挂钩；党的十三大做出了中国处于社会主义初级阶段的重要判断，并提出了中国特色社会主义的理论。社会主义初级阶段的生产力发展水平决定了多种所有制形式并存，在分配方式上要求除了按劳分配外，承认多种分配方式并存。如随着股份制经济的产生，就会出现股份分红，私营企业雇用劳动力就会带来非劳动收入等。对于这些不是按劳分配的收入，党的十三大报告提出："只要是合法的，就应当允许"，确认了我国基本分配制度由之前的单纯强调按劳分配，改为以按劳分配为主体、多种分配方式并存。党的十四大和十四届三中全会确立了建立社会主义市场经济体制的目标，发挥市场在资源配置中的基础性作用。在收入分配上，确立了坚持按劳分配为主体、多种分配方式并存的制度，体现效率优先、兼顾公平的基本原则，并提出允许和鼓励资本、技术等生产要素参与收益分配。这一阶段工资收入分配的主要特征如下。一是确立了"市场机制决定、企业自主分配、职工民主参与、政府监控指导"的改革目标。二是进一步改革企业内部工资分配制度，推行岗位技能工资制，探索按生产要素分配的办法。三是改革工资总量管理方式，改进完善工资总额与经济效益挂钩办法。部分企业开展了工资集体协商的试点。四是改革机关、事业单位工资制度，机关实行职务级别工资制，事业单位根据不同行业等情况分别实行了符合各自特点的工资制度。五是加大了运用法律和经济等手段调节工资收入分配的力度，建立了最低工资制度和工资指导线、劳动力市场工资指导价位等政府对工资的宏观调控制度，进一步完善了个人所得税制度。另外，这一时期在收入分配方面的一个重大突破，就是提出建立与社会主义市场经济体制相适应的社会保障体系，加大二次分配力度。

2003～2012 年为建立按劳分配与按要素贡献分配相结合制度的改革深化阶段。改革开放后我国在基本分配理论和制度探索中，承认按要素分配，是对马克思主义分配理论在中国社会主义改革实践中的继承、创新和发展。中国社会主义初级阶段的基本国情，决定了需要在以公有制为主体的基础上发展多种所有制经济，激励人民群众的积极性和创造性。所有制结构和产权结构的多样性，决定了在分配方式上的多样性，也决定了按要素分配的必然性和必要性。党的十六大提出"确立劳动、资本、技术和管理等生产要素按贡献参与分配的原则，完善按劳分配为主体、多种分配方式并存的分配制度"，是这一阶段工资收入分配改革的最主要特征。在具体分配政策上，一是加大了对经营管理人员的激励力度，在实行经营者年薪制基础上，部分企业试行了股权激励办法、企业年金制度和规范职位消费等措施。二是建立健全科技人员收入分配激励机制，实行按岗位、按任务、按业绩定酬的办法。三是深化企业内部分配制度改革，建立以岗位工资为主的基本工资制度。四是探索按生产要素贡献分配，部分企业开展了企业内部职工持股、技术要素入股等试点。五是继续扩大工资指导线、劳动力工资指导价位和人工成本信息指导制度实施范围，全面建立了最低工资制度。六是深化机关、事业单位工资制度改革，并进行了税制改革，调整了个人所得税起征点。覆盖城乡居民的社会保障体系基本建立。

2013～2018年是构建共享和按要素分配体制机制的改革完善阶段。党的十八大以来，以习近平同志为核心的党中央高度重视收入分配制度改革，实施力度之大、范围之广、任务之艰巨、影响之深远前所未有。一是出台了中央企业负责人薪酬管理办法，中央和地方国企负责人薪酬分配制度进一步规范，企业负责人薪酬与职工收入分配关系进一步理顺，在社会上起到了良好的示范作用。二是改革国有企业工资决定机制，坚持建立中国特色社会主义现代国有企业制度改革方向，建立健全同劳动力市场基本适应、同国有企业经济效益和劳动生产率挂钩的国企工资决定和正常增长机制，完善国有企业工资分配监管体制，充分调动国有企业职工的积极性、主动性、创造性。三是进一步完善机关、事业单位工资分配制度。调整机关、事业单位基本工资标准和优化工资结构，建立与经济发展和社会工资水平相适应的增长机制，在公务员中实行职务与职级相结合的制度，探索实行符合法院、检察院以及公立医院特点的工资制度等。四是进一步完善工资宏观调控政策，开展了公务员、事业单位职工和企业职工工资的调查比对，以及建立企业薪酬调查信息发布制度。社会保障体系不断完善，基本养老保险和基本医疗保险基本实现全覆盖，并继续提高个人所得税起征点，鼓励人民群众通过劳动增加收入、迈向富裕。

当前，我国已进入决胜全面建成小康社会的新时代。展望未来，在习近平新时代中国特色社会主义思想指导和党中央、国务院的坚强领导下，工资收入分配制度改革将进一步深化，人民群众将分享到更多、更实惠的发展成果。

第一部分　发展历程

第一章
以恢复按劳分配为主要目标的改革
探索阶段（1978～1992年）

改革开放前，我国机关、事业单位、企业长期实行以结构工资为主的统一工资制度，工资标准和工资调整由国家统一管理，存在"低""平""乱""死"等问题，平均主义、"大锅饭"现象普遍，严重抑制了企业和职工积极性。改革开放初期，首先在思想领域突破极"左"思想的禁锢，重新确立了社会主义按劳分配原则，通过分期分批调整职工工资、改善职工生活，同时恢复和发展计件工资和奖励制度，激发职工积极性，增强企业活力。随着经济体制改革特别是国有企业改革的不断深入，为根本解决"企业吃国家大锅饭、职工吃企业大锅饭"的问题，国家对国营企业实行了工资总额同经济效益挂钩浮动政策，允许企业在核定工资总额范围内自主决定工资调整和分配；并逐步建立与工资相关的税收制度，运用经济手段而不是行政手段来管理企业工资，开启企业工资改革新局面，逐步形成在中央统一决策下的工资分级管理体制。国家机关、事业单位则进行了结构工资制度改革，实现了与企业工资制度相分离。

第一节　重新确立按劳分配原则

一　历史背景

十年"文革"期间，我国国民经济徘徊不前。农村普遍实行集中劳动、平均分配的人民公社体制，严重抑制了农民的积极性和农业生产发展。城镇企业正常生产秩序被打乱，按劳分配原则也遭到严重破坏。绝大多数企业实行等级工资制度，工资标准体系复杂，企业内部工资制度和标准由国家统一制定、统一管理，工资管理体制高度集中，统得过死。职工工资长期偏低且增长缓慢，1956 年我国全民所有制单位职工平均工资为 610 元，1977 年仅为 602 元①。工资分配领域"平均主义""企业吃国家大锅饭""职工吃企业大锅饭"现象严重，职工工资与社会经济发展脱节，与企业经济效益脱节，与个人实际劳动付出脱节，严重挫伤了广大劳动者的积极性和创造性，阻碍了社会生产力的发展。

1976 年 10 月粉碎"四人帮"后，由于思想领域仍然受到极"左"错误思想的禁锢，经济活动中仍然不能将工资与劳动付出和劳动贡献紧密联系起来。实践上拨乱反正需要理论先行。1977 年 4 月、6 月、10 月和 1978 年 10 月，经济学界连续召开了四次全国规模的按劳分配理论讨论会②，公开发表了多篇关于按劳分配的讨论文章。多

---

① 国家统计局社会统计司编《中国劳动工资统计资料》(1949～1985)，中国统计出版社，1987。

② 1977 年 4 月 13～14 日，国家计委经济研究所、中国社会科学院经济研究所、北京市委党校、北京大学等 30 多个在京单位的 100 多位理论工作者参加了第一次全国按劳分配理论讨论会。同年 6 月 22～23 日，第二次按劳分配理论讨论会召开，近百个在京单位的 400 多位理论工作者参加，先后有 20 多人在会上发言。第三次按劳分配理论讨论会于 1977 年 10 月 25 日至 11 月 1 日在北京举行，继续对按劳分配理论进行深入讨论。参加讨论会的除了 135 个在京单位的 500 多人外，还有来自 23 个省份 120 多个单位的 280 余人。1978 年 10 月 25 日至 11 月 3 日，中央工作会议前夕，更大规模的第四次全国按劳分配理论讨（转下页注）

数经济学家认为，否定职工物质利益和奖励制度的极"左"思想是错误的，不利于调动国有企业生产积极性，不利于国家的经济建设；平均主义的分配方式严重束缚了社会主义的发展。通过研讨，一扫"四人帮"造成的理论界万马齐喑的沉闷局面，逐渐消除了广大理论工作者心有余悸的精神状态。关于按劳分配原则理论的探讨得到了党中央的肯定[①]。1978年5月6日，《人民日报》发表评论员文章《贯彻执行按劳分配的社会主义原则》，文章冲破了按劳分配问题的理论禁区，对按劳分配理论做了深刻剖析阐述，对按劳分配的社会主义性质，坚持按劳分配原则的必要性、重要性以及工资改革有关理论问题都做了比较科学的回答，为解放思想、恢复和发展马克思主义按劳分配理论初步扫除了障碍。1983年召开了全国第五次按劳分配理论讨论会[②]，讨论了分配制度中存在的许多问题，再次引发了对社会主义商品经济条件下按劳分配问题的重新思考，如多种所有制存在的情况下是否只有一种分配方式、按劳分配是不是唯一的分配方式、按劳分配是按什么"劳"进行分配以及按劳分配是否存在两级分配关系等。

二 按劳分配原则的确立

通过一系列大规模讨论，对社会主义初级阶段实行按劳分配原则

（接上页注②）论会在京召开。500多名代表参加了本次会议，他们分别来自中央和28个省份的研究单位、大专院校、新闻出版以及其他部门，是规模最大、参加人数最多的一次按劳分配理论讨论会。

① "国务院政治研究室起草的《贯彻执行按劳分配的社会主义原则》这篇文章我看了，写得好，说明了按劳分配的性质是社会主义的，不是资本主义的。""我们一定要坚持按劳分配的社会主义原则。按劳分配就是按劳动的数量和质量进行分配。""贯彻按劳分配原则有好多事要做。有些问题要经过调查研究，逐步解决。有些制度要恢复起来，建立起来。总的是为了一个目的，就是鼓励大家上进。"（《邓小平文选》第二卷，人民出版社，1994。）

② 1983年7月18～24日，政治经济学社会主义部分研究会在北京召开了全国第五次按劳分配理论讨论会。此会也是政治经济学社会主义部分研究会第三届年会。出席会议的代表252位，提交大会的论文达147篇。

有了新的认识，从而进一步解放了思想，统一了认识，为改革工资制度奠定了坚实的理论基础和思想基础。1977年8月，党的十一大报告提出"对于广大人民群众，在思想教育上大力提倡共产主义劳动态度，在经济政策上则要坚持实行各尽所能、按劳分配的社会主义原则，并且逐步扩大集体福利。要在发展生产的基础上，逐步改善人民生活"[1]。

1978年2月，第五届全国人大一次会议的政府工作报告专门就这一问题进行了论述："在整个社会主义历史阶段，必须坚持不劳动者不得食，各尽所能、按劳分配的原则。……在分配上，既要避免高低悬殊，也要反对平均主义，实行多劳多得，少劳少得。"[2]

第五届全国人大一次会议通过的《中华人民共和国宪法》第十条重申"国家实行'不劳动者不得食'、'各尽所能、按劳分配'的社会主义原则"[3]，以法律形式确立了按劳分配的社会主义分配原则。

三 重大历史意义

社会主义按劳分配原则，是在经过广泛深入讨论、统一思想认识的基础上，以法律形式重新确立起来的。按劳分配原则体现了精神鼓励和物质鼓励相结合，国家、集体和个人三方利益相结合，是促进社会主义生产发展的重要因素。这一原则的重新确立，在理论上实现拨乱反正，打破了极"左"思想和"文化大革命"在思想领域的禁锢，承认了工资、工分、奖金、津贴等多种实现形式，得到经济界、理论

---

① 《十一大上的政治报告》（1977年8月12日报告，8月18日通过），中华人民共和国中央政府网，http://www.gov.cn/test/2008-06/20/content_1022206_7.htm。

② 1978年政府工作报告《团结起来，为建设社会主义的现代化强国而奋斗》，中华人民共和国中央人民政府网，http://www.gov.cn/premier/2006-02/16/content_200704.htm。

③ 《中华人民共和国宪法》（1978年），中国人大网，http://www.npc.gov.cn/wxzl/wxzl/2000-12/06/content_4365.htm。

界和广大人民群众的拥护，成为后期一系列工资改革探索的理论
指引。

党的十一届三中全会以后，经济体制改革率先从农村起步，推行
家庭联产承包责任制，从根本上打破农村的平均主义分配方式，实行
按劳分配，使农业生产和农民收入获得了立竿见影的快速增长。农村
分配改革的成功，对城镇职工收入分配改革产生了强烈的标杆效应。
围绕增强城镇企业活力，从上到下，从中央到地方进行了调整职工工
资、恢复计件工资和奖励制度、推动企业工资制度改革等一系列贯彻
按劳分配原则的改革探索。

第二节　分期分批调整工资和恢复奖励、计件工资制

改革开放初期，为解决多年积累下来的历史"欠账"问题，更好
地体现按劳分配原则，国家从 1977 年起开始分期分批调整工资，改
善职工生活。同时恢复计件工资和奖金制度，调动职工积极性，激发
企业活力，使长期处于冻结状态的职工工资逐步活了起来。

一　调整职工工资、改善职工生活

1977 年 8 月，国务院发出《关于调整部分职工工资的通知》，重
点针对工作多年、工资偏低的职工调整工资。对一部分职工按规定的
参加工作年限和工资级别"对号入座"，一部分职工按照"政治表现、
劳动态度、贡献大小、技术高低"由群众评议，经党委批准调整工资。
这次调整工资，增加工资的人数占50.8%，平均每人每月增加5.68元①。

---

① 李唯一:《中国工资制度》，中国劳动出版社，1991，第185页。

从 1978 年 12 月开始，对包括机关、事业单位在内的全民所有制单位中生产、工作成绩优异，贡献较大和提职后工作表现好而工资特别低的职工进行考核升级；对个别学习特别优良的徒工提前转正定级。工资升级和提前转正定级的人数，控制在职工总数的 2% 以内。这次升级虽然人数很少，但由于强调了按劳动好坏、技术高低、贡献大小的原则升级，因而对于鼓励职工勤奋工作和学习、钻研技术，起到了较大的推动作用。

1979 年全国物价工资会议后，国务院发出《关于职工升级的几项具体规定》，对升级工作具体安排，自 1979 年 11 月起给部分职工调整工资，升级面达到 40%。本次调资要求对于经营管理好、经济效益显著、对国家贡献大的单位，升级面应当大一些。对于因经营管理不善没有完成扭亏计划而发生了亏损的企业，应当暂缓升级；在一年内扭转亏损有显著转变的，可以补升。在企业内部也应根据相同原则分别规定所属单位的升级面。另外，本次调资还调整了部分地区的工资区类别，使工资等级和地区工资关系得到了一定的改善。

1978 年恢复实行奖励和计件工资制后，为解决中小学教职员、医疗卫生人员和体育工作者等群体工资水平偏低，与企业职工工资差距拉大的问题，1981 年 10 月，国务院发出通知，给中小学教职员，医疗卫生单位的护士等中级卫生技术人员，体育系统优秀运动员、专职教练员及部分从事体育事业的人员调整了工资，一般"普调"一级，少数升两级。

1982 年，又给国家机关和其他事业单位的工作人员普调一级，对中年知识分子起骨干作用或工资偏低的一般升两级，成绩显著、贡献较大的职工升两级。这两次升级改善了机关和事业单位工资偏低的状况，但也开了"普调"先例。同年，国家发布《国营工厂厂长工作暂行条例》，规定厂长有权按照国家规定的人事管理权限和审批程序以及职工代表大会讨论决定的职工奖惩办法，对职工进行奖励和惩罚。对有特殊贡献的职工有权晋级，每年晋级面不超过1%。

1983年，企业按照"两挂钩""一浮动""调改结合"①的方针调整工资，这次调资的显著特点是"把调整工资同企业的经济效益挂起钩来，同职工个人的劳动成果挂起钩来"。

1984年，在《国务院关于进一步扩大国营工业企业自主权的暂行规定》中，增加厂长给有特殊贡献职工晋级的权力，晋级面从每年1%扩大到3%。

1985年国家机关、事业单位和企业单位，都结合工资制度改革调整了工资。

随着经济体制改革的深入发展，部分企业实行奖金与经济效益挂钩，部分企业实行工资总额同经济效益挂钩，这些企业职工工资的增长不再由国家统一安排，而是随着经济效益增长而增长。1986～1989年，国家主要针对机关、事业单位中的中年技术骨干、老干部、劳动模范和先进工作者等部分群体安排了工资升级。

二 重新推行计件工资制

新中国成立后，曾学习苏联经验，在企业大力推行计件工资制度，同时还有一些荣誉（如奖状、红旗、劳动竞赛名次和劳动模范称号等）和实物奖励（如毛巾、肥皂等劳保用品等）。自1952年开始，一些地方和企业还实行了奖励工资。其后，在"左"的路线影响下，计件工资被斥为"物质刺激""钞票挂帅"，基本取消。

1978年5月，国务院发布《关于实行奖励和计件工资制度的通

---

① "两挂钩"是调整工资与企业经济效益挂钩，与职工本人劳动表现挂钩。"一浮动"是升级后继续考核两三年，合格者才予固定，考核不合格，所升的级还要降下来。"调改结合"是允许某些经过整顿验收合格、自有资金较多、今后财源又有保证的企业，经过批准，可以结合这次调整工资，改革工资制度。

知》，文件提出要有条件有计划地实行计件工资制度。在同年召开的全国经贸会议上，重新提出"发展经济保障供给"方针，鼓励国有企业通过计件工资和发放奖金等办法提高国有企业职工的生产积极性。根据国务院文件的精神，全国各地开始积极探索计件工资和奖励制度。

1980 年 4 月，国家计委、国家经委和国家劳动总局联合发布《关于试行国营企业计件工资暂行办法（草案）的通知》，对实行计件工资制的条件进一步做出明确规定，对劳动定额的制定与执行、计件单价的计算办法、集体计件的内部分配等都做了比较详细的规定。

针对实践中出现的盲目推行计件工资、忽视成本和质量，特别是奖金平均发放和多发滥发等现象，1981 年 5 月，国务院在《关于贯彻执行国务院十号文件若干问题的补充规定》中指出：实行计件工资必须同企业的经济效益挂钩，做到保证质量，降低成本，更多增产增收。1981 年 10 月和 1983 年 4 月，国务院分别发文指出：实行计件工资要进行控制，要有条件；在生产任务饱满、产品适销对路、定额严谨并定期修订、单价合理等一系列前提下，可以搞计件工资不封顶；不符合上述条件的，计件超额工资应控制在 30% 以内。计件工资制度逐渐出现了多样化形式，计件面也不断扩大：1980 年为 3.7%，到1983 年达到 16%。

企业内部计件工资的形式非常灵活。按不同划分标准，计件工资可以分为不同类型：如按分配对象划分，可分为个人计件和集体计件；按计件步骤有直接计件和间接计件；按计件程度有全额计件和部分计件；按定价办法有同一单价计件和不同单价计件，细分又可分为不同单价计件和累进计件；按计件对象有产量计件、实物量计件；按计件方式有有效工时计件和工作量计件等。一些企业还探索推行超额计件工资制，或者给高工资级别的计件工人以固定补差或岗龄系数，也取得了较好的效果。

三　奖励制度的恢复和发展

中华人民共和国成立后，在1956年的工资改革中曾经建立起了名目繁多的奖励制度。其后十年间，受到极"左"思想和"大跃进"等的干扰和影响，奖金制度断断续续地发展。国家先后发文件，鼓励企业实行多种形式的奖励方式，不断改进完善奖励制度，克服"人情主义""轮流坐庄""人人有奖"等问题。在1964年"社会主义教育活动"以及随之而来的"文化大革命"中，奖金制度被认为"是不符合政治挂帅的"，企业纷纷取消了奖励制度。粉碎"四人帮"以后，经过拨乱反正，国家开始重新恢复奖励制度，并且有较大发展。

1978年国务院发出《关于实行奖励和计件工资制度的通知》，指出，在实行计时工资制的同时，应当辅以奖励和计件工资制。该通知规定：实行奖励制度的企业，必须经过整顿，供产销正常，生产任务饱满，管理制度比较健全，各种定额和统计、验收等基础工作搞得比较好，各项经济技术指标比较先进，否则不得试行；奖励办法要简便易行，奖励条件要明确具体，奖励名目不能繁多，一个职工一般只能实行一种奖励办法；奖励总额一般不能超过试行奖励制度的职工标准工资总额的10%，少数经批准后可不超过12%；根据生产和工作特点可以试行月奖或季度奖；企业党政主要领导干部不实行奖励制度。

（一）企业的奖励制度

1979年以后，企业普遍实行了奖励制度并不断改进，奖励形式、奖励办法都有很大发展。如建筑施工企业普遍实行"全优综合超额奖励"，煤炭行业普遍实行"吨煤奖"，许多企业实行了各种灵活多样的单项奖，国家还规定了原材料节约奖励等。

1979年7月，企业基金制改革为利润留成制，把企业经营好坏同企业生产的发展和职工物质利益直接挂起钩来，根据不同行业、不同企业的具体情况，确定不同的留成比例。企业用利润留成建立生产发展基金、职工福利基金和职工奖励基金（后两者不得超过40%），分别提取，分别管理。除节约奖外，发给职工的奖金都从奖励基金中开支，同时允许企业职工奖励基金较多的，可以留作以后"以丰补歉"。1979年企业利润留成制改革后，企业职工的奖金不再按劳动部门规定的按工资总额的一定比例提取，而是在财政部门核定的企业留利中的奖励基金开支，从此打破了企业在奖金上吃的国家"大锅饭"，把企业奖金同企业经济效益挂起钩来。

1979～1981年，国务院曾经多次发文，遏制实践领域出现的多发、滥发奖金问题。1981年限制企业奖金发放总额不超过2个月的标准工资总额，1982年开始对各地区、各部门下达的奖金总额逐步实行计划管理。

虽然控制奖金发放限额的做法在一定程度上控制了奖金滥发超发现象，但也影响了职工和企业的积极性。因此，在1984年国营企业第二步利改税时，规定职工奖励基金占企业留利的比例，由财政部与各省市、各企业主管部门商定，并由各省市、各部门层层核定到企业，一般20%用于职工集体福利，30%用于职工奖励。同年，国务院发布《关于国营企业发放奖金有关问题的通知》，更加明确了国家与企业之间的分配关系和企业对国家的经济责任；规定企业奖金发放要同经济效益挂钩，企业在全面完成国家计划、税利增加的前提下，发放奖金可以不封顶，并有权自主决定奖励基金如何使用；但为了从宏观上控制消费基金过快增长，在取消奖金封顶的同时，实行"奖金不封顶，征收奖金税"的政策：对全年发放奖金总额在两个半月标准工资以内的免征奖金税，两个半月以上4个月以内的部分实行30%的税率，4个月以上、6个月以内的部分实行100%的税率，6个月以上的部分按 300% 计税。

从此，企业奖金水平不再由国家统一规定，而是随着企业经济效益的增加而浮动。企业奖励基金的用途也更加丰富，为企业内部改革分配形式和工资制度创造了前提条件。

（二）国家机关、事业单位的奖励制度

1978 年《关于实行奖励和计件工资制度的通知》中规定，1978 年不实行奖励和计件工资制度的全民所有制事业单位，可结合劳动竞赛，对职工试行发放一次性的年终奖。

1978 年 12 月 5 日，经国务院批准，对国家机关、事业单位，凡全面完成工作任务的，可按一定标准提取奖金，发放对象是 18 级及以下干部和工勤人员。

1979 年 11 月，财政部制定《关于文教科学卫生事业单位、行政机关"预算包干"试行办法》，规定实行"预算包干"的上述单位可从增收节支中提取一部分作为奖励，其比例由主管部门、财政、劳动部门商定，国家机关和事业单位开始实行"增收节支奖"。

此后，国务院机关事业管理局制定了有关汽车司机安全节油奖励、招待所床位使用率超额奖励办法等奖励规定。从 1986 年开始，经国务院批准，对机关工作人员可按不超过一个月基本工资的数额发放奖励工资，1988 年奖励工资提高到一个半月平均基本工资。

事业单位根据不同工作性质和特点，也实行了不同的奖励制度。医疗卫生单位从 1979 年实行经济管理办法后，实行了节支增收奖励，对完成任务好、成绩优异的单位和个人给予适当的物质鼓励，奖金从医院结余中提取，总额一般不得超过一个月的基本工资，且不能超过增收节支总额的 40%。从 1980 年开始逐步在有条件的高等学校建立学校基金和实行奖励制度，从基金中提取的奖金可以与"预算包干"中的奖金合并使用，主要用于奖励完成生产任务好、工作好、贡献大的集体和个人，一般实行综合奖，也可实行单项奖。允许科研单位自行组织收入并实行收入分成办法，在完成考核条件的前提下，科研单位留用的资金除用于科研发展基金外，还可以提取集体福利基金和奖励基金；奖励基金总额一般为一个半月标准工资总额，收入超过核定基数部分另行提取15%奖励基金，用于奖励工作好的集体和个人，同时按国家规定缴纳奖金税。

此外，为表彰体育运动员和教练员为国争光，从1981年开始，国务院先后发出若干办法和细则，对优秀运动员、教练员进行表彰和奖励，奖励标准不断提高。为鼓励广大工人和科学技术人员的积极性、创造性，国家还规定了若干单项的发明创造、技术改进、合理化奖励制度，包括自然科学奖项、合理化建议和技术改进奖、科学进步奖、优质产品奖等。

四　政策成效

可以看出，改革开放初期工资工作的重心放在了解决历史"欠账"、提高职工工资水平改善职工生活上，较为密集地大面积调整了职工工资。同时，在企业恢复实行计件工资，在各类单位恢复和发展奖励制度，践行按劳分配原则，打破职工吃企业"大锅饭"的局面，增强了各级各类单位职工的主人翁意识，有力调动了广大一线职工的生产积极性。同时通过实行劳动定额、考核统计和成本核算等措施，也促进了企事业单位基础管理水平的提高，生产经营取得显著成效。上海章华毛纺厂织造车间实行计件工资后，一个季度超产6587米。手帕四厂织造车间台班产量从112.3方提高到117.86方，100名布机挡车工人中有95人实现超产，产品瑕疵率下降了10.7%。此外，重新恢复的计件工资和奖励制度，对理顺生产、销售、分配等环节的关系也发挥了促进作用。

随着计件工资和奖金制度的迅速推行，奖金比重不断提高，国家对奖金总额的管理方式也在不断调整、摸索，为下一步进行工资制度改革、从根本上解决两个"大锅饭"问题创造了条件，积累了经验。

第三节　企业工资制度改革

改革开放初期的大面积调资和恢复奖励、计件工资制度并没有从根本上触动等级工资制度，不可能从根本上解决工资领域存在的问题。随着经济体制改革不断深入，工资制度改革工作也进入了新的阶段。

一　国营企业实行"工效挂钩"政策

（一）政策背景

1984年中共中央做出《关于经济体制改革的决定》，充分肯定了企业职工奖金由企业根据经营状况自行决定、国家只对企业适当征收超限额奖金税的做法是"一个重大步骤"，指出"今后还将采取必要措施，使企业职工的工资和奖金同企业经济效益提高更好地挂起钩来"。

同年11月，中共中央决定加快国家机关、事业单位工资制度改革，客观上要求加快企业工资改革，实现企业与机关、事业单位工资调整"脱钩"。

在实践层面，在部分企业实行奖金同企业经济效益挂钩、"奖金不封顶，征收奖金税"之外，自1984年开始，一些部门和地区已经对所属企业进行工资总额（包括奖金）包干浮动试点。到1984年底，绝大多数省份都实行了工资总额包干浮动政策，试点企业达到六七百户，涉及职工占企业职工总数的10%左右。试点企业经济效益大幅提高、产值、上缴利税等多数增长两位数以上，职工工资收入增长控制在 10% 以内。

（二）政策出台和发展

在总结实践经验基础上，围绕解决企业活力这个中心环节，1985 年 1 月，国务院印发《关于国营企业工资改革问题的通知》（国发〔1985〕2 号）提出，企业工资总额同经济效益挂钩。从一九八五年开始，在国营大中型企业中，实行职工工资总额同企业经济效益按比例浮动的办法。"工效挂钩"政策正式实施。该通知规定当年实行"工效挂钩"企业的试点面不超过 15%。到 1990 年，全国国营企业实行"工效挂钩"的企业达到 5.7 万户，占国营企业数量的 35%，职工人数达到 400 万人，占国营企业职工总数的 55% 左右。

实行工效挂钩以后，国家明确了工资工作要实行分级管理体制。对企业的工资管理，国家只管理宏观方面的问题，将中观管理方面的问题下放给省、自治区、直辖市和国务院各产业主管部门，将微观管理方面的问题则下放给企业。1986 年国务院《关于深化企业改革增强企业活力的若干规定》进一步明确，在国家规定的工资总额和政策范围内，企业对工资奖金分配形式和办法以及调资升级拥有自主权，国家一般不再做统一规定。

1992 年，国务院《全民所有制工业企业转换经营机制条例》第十九条进一步明确坚持"工效挂钩"政策，明确规定企业享有工资、奖金分配权。企业的工资总额依照政府规定的工资总额与经济效益挂钩办法确定，企业在相应提取的工资总额内，有权自主使用、自主分配工资和奖金。

1993 年，为了深入贯彻落实《全民所有制工业企业转换经营机制条例》，劳动部、财政部、国家计委、国家体改委、国家经贸委五部委发布《国有企业工资总额同经济效益挂钩规定》（劳部发〔1993〕

161号），进一步对"工效挂钩"政策进行了细化规定，明确提出"工资总额同经济效益挂钩目前是向社会主义市场经济体制转换过程中，确定和调控企业工资总量的主要形式"，并对"工效挂钩"政策中的经济效益指标及其基数、工资总额基数、浮动比例、工效挂钩的管理等做出了细化规定。

（三）"工效挂钩"政策的主要内容

"工效挂钩"的核心是"两个基数、一个比例"，即由政府部门逐年核定企业工资总额基数、经济效益基数（"两个基数"）和挂钩浮动比例（"一个比例"），将企业工资总额增长与本企业的经济效益增长联系起来，以此管理国有企业年度工资总额。主要政策措施概括如下。

1. 明确规定"两个基数"

《国有企业工资总额同经济效益挂钩规定》第七条规定，经济效益指标基数，一般以企业上年实际完成数为基础，剔除不可比因素或不合理部分，并参照本地区同行业平均水平进行核定。第十一条规定，企业的挂钩工资总额基数，原则上以企业上年劳动工资统计年报中的工资总额为基础核定，实行增人不增工资总额、减人不减工资总额的办法。

2. 分类确定工资总额同经济效益挂钩指标

"工效挂钩"政策实施之初，工资总额同经济效益挂钩的指标主要是实际上缴税利。《关于国营企业工资改革问题的通知》明确规定，各省、自治区、直辖市和国务院有关部门在核定所属企业工资总额和经济效益挂钩指标时，应从实际出发，选择能够反映企业经济效益和社会效益的指标，作为挂钩指标，其他经济指标可以作为考核指标，并相应规定工资总额增减的比例。工业企业一般可以实行工资总额同上缴税利挂钩，产品单一的企业可以同最终产品的销量挂钩。交通运输企业可以同周转量或运距运量挂钩。商业服务业可以同销售额或营业额、上缴税利挂钩，还要考核执行政策、服务质量等指标。对于违反政策和服务质量差的，要相应扣减工资总额的增长比例。政策性亏损企业，可以按减亏幅度作为主要经济指标与工资总额挂钩。经营性亏损企业，在扭亏为盈以后，工资总额才可以随经济效益按比例浮动。建筑、煤矿企业可以继续实行百元产值工资含量包干和吨煤工资含量包干，但要逐步完善包干办法。另外，《关于国营企业工资改革问题的通知》规定，上缴税利低于前三年实际平均数的，按照前三年上缴税利的实际完成情况酌情核定。

3. 明确工资总额同经济效益挂钩比例

《关于国营企业工资改革问题的通知》规定，企业工资总额同经济效益挂钩浮动的比例，一般上缴税利总额增长1%，工资总额增长0.3%～0.7%，某些特殊行业和地区，可以超过0.7%，但最多不得超过1%。上缴税利下降时，工资总额要相应下浮。为了保证职工的基本生活，下浮工资总额的比例可以做适当限制。《关于国营企业工资改革问题的通知》规定，各省、自治区、直辖市和国务院有关部门在核定企业的工资总额浮动比例时，要在国家核定给本地区、本部门工资浮动比例的范围内，按照企业的具体情况，根据兼顾国家、企业、个人三者利益的原则确定。国家核定给省、自治区、直辖市和国务院有关部门所属企业的工资总额和同经济效益挂钩的比例，1985年先试行一年，从1986年开始一定三年或五年不变。各省、自治区、直辖市和国务院有关部门，对企业要定期核定工资总额和工资浮动比例。

4. 坚持"两低于"原则

《国有企业工资总额同经济效益挂钩规定》第二条明确提出，企业实行工效挂钩办法，必须坚持工资总额增长幅度低于本企业经济效益（依据实现利税计算）增长幅度、职工实际平均工资增长幅度低于本企业劳动生产率（依据净产值计算）增长幅度的原则。

5. 明确"工效挂钩"政策实施后国有企业工资增长途径

《关于国营企业工资改革问题的通知》规定，企业实行工资总额随同本企业经济效益浮动办法以后，企业与国家机关、事业单位的工资改革和工资调整脱钩，企业职工工资的增长应依靠本企业经济效益的提高，国家不再统一安排企业职工的工资改革和工资调整。企业之间因经济效益不同，工资水平也可以不同。允许具有相同学历、资历的人，随所在企业经济效益的不同和本人贡献大小，工资收入出现差距。

6. 对国有企业内部分配做出指导

《关于国营企业工资改革问题的通知》规定，企业的工资改革贯彻执行按劳分配原则，以体现奖勤罚懒、奖优罚劣，体现多劳多得、少劳少得，体现脑力劳动和体力劳动、复杂劳动和简单劳动、熟练劳动和非熟练劳动、繁重劳动和非繁重劳动之间的合理差别。至于具体工资分配形式，是实行计件工资还是计时工资，工资制度是实行等级制，还是实行岗位（职务）工资制、结构工资制，是否建立津贴、补贴①制度，以及浮动工资、浮动升级等，均由企业根据实际情况自行研究确定。企业可以把工资总额随同经济效益提高增加的工资，连同现行奖金的大部分用来改革工资制度，留下的少量奖金，主要用于奖励少数在生产、工作中有技术革新、发明创造和突出贡献的职工。不论实行什么分配形式和工资制度，都必须同建立健全以承包为主的多种形式的经济责任制紧密结合起来，层层落实，明确每个岗位、每个职工的工作要求，使职工的劳动报酬同其劳动贡献密切挂起钩来。

---

① 注：因不同时期文件名称、政策等不同，后文有时称津贴、补贴，有时称津贴补贴。

7. 企业工资增长基金

《关于国营企业工资改革问题的通知》规定，企业随同经济效益提高而提取的工资增长基金，归企业所有，不得平调。可以在银行设立工资增长基金专户，允许跨年度使用。但企业每年增加的工资超过工资总额的一定限额时，国家要征收工资调节税；如果留作企业内部工资基金，以丰补歉，在年度之间调剂使用时，国家免征工资调节税。

此外，《关于国营企业工资改革问题的通知》规定，各省、自治区、直辖市和国务院有关部门要使多数大中型国营企业，在1985年实行工资总额随同企业经济效益按比例浮动的办法。国营小型企业继续实行全民所有、集体经营、照章纳税、自负盈亏的办法，在缴足国家税收、留够企业发展基金以后，由企业自主进行分配。

（四）政策成效

"工效挂钩"政策通过将职工工资调整与企业经济效益、职工本人实际劳动成果相挂钩，促进了生产发展和经济效益提高。经国家批准实行"工效挂钩"的1300户大中型国营企业，1985年上缴税利比上年增长20.4%，1986年克服材料涨价等困难，上缴税利又增长了9.4%。企业实行"工效挂钩"后，扭转了长期以来企业工资增减与企业经济效益相脱离、吃国家"大锅饭"的状况，促使企业重视经营管理、加快技术进步、降低成本，把考核指标层层落实到人，有利于增强企业活力、有利于经营责任制的落实。同时，工效挂钩政策加上对超发工资征收调节税，促使企业建立自动控制工资增长的自我约束机制。此外，"工效挂钩"企业有了工资分配自主权，有利于解决企业内部分配问题，对于进一步克服国有企业工资分配中的平均主义、克服职工吃企业"大锅饭"弊病、提高国有企业职工工资水平都起到了重要作用。

随着社会主义市场经济体制逐步健全和国有企业改革不断深化，

工效挂钩政策执行过程中出现了新的矛盾，诸如挂盈不挂亏、挂上不挂下，企业工资能增不能减，非劳因素特别是价格因素不易排除，行业之间"鞭打快牛"等。

专栏1-1 1986年企业工资制度改革的背景和作用

苏海南[①]：自20世纪80年代初经济体制改革重心由农村转入城市后，随着第二步利改税、国营企业实行经济责任制等改革，需要重新明确国家与企业的分配关系，同时需要相应重新明确企业与职工的分配关系，其目的是贯彻按劳分配原则，打破两个"大锅饭"。在企业工资分配制度改革的同时，需要相应对机关、事业单位的工资制度进行改革，其目的也是贯彻按劳分配原则，逐步消除原有制度中的平均主义和其他不合理因素，建立新的工资制度。于是，1985年，国务院下发了《关于国营企业工资改革问题的通知》（国发〔1985〕2号），开始推行企业工资总额同经济效益挂钩浮动办法，实行分类分级工资管理体制，国家发布国营企业参考工资标准，具体工资分配形式，改由企业根据实际情况自行研究确定；企业与国家机关、事业单位的工资改革和工资调整脱钩。同年，中共中央、国务院下发了《国家机关和事业单位工作人员工资制度改革方案》，实行以职务工资为主要内容的结构工资制。以上两方面的工资改革，符合当时形势发展需要，对于打破计划经济基础上的平均主义"大锅饭"、调动职工积极性发挥了较好的作用，可以说工资改革在当时起到了经济体制改革排头兵、先锋队的作用，助推了经济体制改革。

资料来源：根据课题组专访本人资料整理

---

① 苏海南，人社部劳动工资研究所原所长（下同）。

二 国营企业内部工资制度改革

恢复计件工资和奖励制度之后，在一定程度上调动了职工积极性、增强了企业活力。但由于奖金在职工全部劳动报酬中所占比例不高，仅仅靠搞活奖金分配对职工的激励作用仍然有限，不少企业开始对标准工资进行改革，把标准工资的一部分拿出来与奖金结合起来，根据企业的经济效益以及职工的劳动付出和贡献上下浮动，实行"浮动工资制"。1983年，在劳动人事部的支持下，少数企业开始了"自费改革"和"调改结合"试点。四川省第一棉纺印染厂、重庆钟表公司等四个扩权企业开展"自费改革"试点，取得较好效果。国家选择上海市、中国民用航空总局、邮电部等"调改结合"试点，结合调整工资，允许企业从自有资金中拿出一部分用于改进工资标准。这些单位均对原来的工资标准进行了简化归并。

1984年，在对企业实行奖金不封顶、征收奖金税的办法后，国务院办公厅转发了《关于企业合理使用奖励基金的若干意见的通知》，明确规定，企业有权决定如何使用企业奖励基金，可以用来发放奖金，可以实行浮动工资，可以实行计件工资，可以实行自费浮动升级，可以实行岗位工资，也可以采用适合本单位特点的工资制度。

1985年，在吸取1983年"调改结合"经验的基础上，劳动人事部拟定了《国营大中型企业工人工资标准表》和《国营大中型企业干部工资标准表》，将原来繁乱复杂的几百种工资标准简化为工人11种、干部9种，作为各地区、各部门在企业工资改革中审批国营大中型企业工资标准的参考。国营小型企业的工资标准，由地方和主管部门根据实际情况另行制定。

国家规定，这次改革增加的工资由企业"自费"解决：实行企业工资总额同经济效益挂钩的企业，由效益工资中解决；未实行"工效挂钩"的企业，从留利的企业奖励基金中解决，不得进入成本。用于改革工资标准所增加的工资，掌握在每人每月5元以内，用于其他工资改革方面的部分，一般掌握在人均每年增加一个月平均标准工资以内，经济效益很好的企业，可以提高到一个半月标准工资。由于种种原因，自1986年起，允许企业将1985年增加工资的一部分资金进入成本或者"工效挂钩"工资总额基数。

这次企业工资制度使企业有了更多的分配自主权，特别是实行工效挂钩的企业，其内部工资分配形式、工资制度、分配办法等均由企业根据情况自行确定。随着经济体制改革的深入发展，进一步下放企业内部分配自主权，企业的工资形式和工资制度呈现多样化格局，逐步打破了八级工资制一统天下的局面。适合采用计件工资制的，一般都实行了计件工资制。实行计时工资制的，有的把标准工资和奖金捆在一起，依据职工劳动贡献考核发放。有的实行全部标准工资和奖金一起浮动。还有企业结合落实经济责任制，实行了多种多样的基本工资制度，如结构工资制、联产浮动的岗位工资制、岗位等级工资制等。如石油石化系统的企业普遍实行结构工资制。又如纺织行业企业有的实行岗位过渡工资制，有的直接实行岗位工资制。

随着各项改革的不断深入，国家越来越发现作为基本工资制度的等级工资制已经不能适应企业发展的需要。到1992年党的十四大提出建立社会主义市场经济目标后，劳动部先后出台了一系列文件，在全民所有制企业逐步推行岗位技能工资制，全面取代1956年确立的等级工资制度，将其作为企业职工的基本工资制度。

三 建立工资、奖金税收制度体系

1984年国家对企业发放奖金实行"上不封顶，下不保底"的政策。同时，为了从宏观上控制消费基金的过快增长，合理引导企业的生产经营和分配行为，决定对超额奖金征税，运用税收杠杆约束企业奖金发放额度。同年7月，国务院发布了《国营企业奖金税暂行规定》。1985年8月和9月又先后发布了《集体企业奖金税暂行规定》和《事业单位奖金税暂行规定》。奖金税以企业、单位为纳税人，以全年发放的各种形式的奖金（包括多种具有奖金性质的工资、津贴、补贴和实物奖励）为计税依据，按五级超额累进税率征收。奖金税规定有免税限额，事业单位奖金税还分别针对企业化管理、国家核拨部分经费、国家全额核拨经费等不同类型的事业单位规定不同的免税额。为了保证职工收入水平随企业生产发展得到逐步提高，进一步增强企业活力，在企业奖金分配上更好地体现按劳分配原则，1985年、1987年和1988年分别对奖金税的免税限额、级距及税率做了调整，降低奖金税。另外，对国家颁发的科学创造发明奖、合理化建议和技术改造奖、自然科学奖，以及经批准试行的特定的燃料、原材料节约奖，免征奖金税。

为配合国有企业工资制度改革，1985年7月，国务院发布《国营企业工资调节税暂行规定》，决定从1985年开征工资调节税。对于经批准实行工资总额随经济效益挂钩浮动的国营企业实行工资调节税，其他企业缴纳奖金税。征税对象是超过国家核定的上年工资总额7%的当年增发工资，按照超额累进税率征税，最低一级税率为30%，最高一级税率为300%。为进一步搞活国营大中型企业，1987年、1988年分别降低工资调节税。

随着经济体制改革和有计划的商品经济的发展，人民收入水平显著提高。国家鼓励一部分人通过劳动先富起来的政策，调动了劳动人民致富的积极性和创造性，一部分人的收入超过了一般水平，有的还超过许多。同时，除了劳动收入外，承包收入、债券利息、股息和分红以及私营企业主的非劳动所得也在增加，为防止贫富悬殊，坚持共同富裕的方向，在促进效率提高的前提下体现社会公平，国务院于1986年9月25日发布了《中华人民共和国个人收入调节税暂行条例》，对具有中国国籍、户籍，在中国境内居住，取得达到规定纳税标准收入的公民的应税收入（包括工资、薪金收入，承包、转包收入，劳务报酬收入，财产租赁收入，专利权转让、专利实施许可和非专利技术的提供、转让取得的收入，投稿、翻译取得的收入，利息、股息、红利收入等）征收个人收入调节税。

奖金税、工资调节税以及个人收入调节税制度的建立，对于促进企业工资制度改革发挥了重要作用，是国家对工资从以行政手段、直接管理为主转向以经济手段为主进行宏观管理的重要步骤。在后来的税制改革中，工资调节税和奖金税被取消，个人收入调节税则并入个人所得税。

四 其他类型企业的分配制度

在国有企业改革的同时，城镇集体企业、乡镇集体企业、外商投资企业和私营企业等迅速发展，也都根据企业特点和发展需要，实行了符合按劳分配原则的分配制度。

城镇集体企业除照搬国营企业工资制度经验，逐步恢复计件工资、奖励制度、提成工资和劳动分红外，还创造出一些适合自身特点的分配制度。如1981年成都西城区工业二局所属89户集体企业实行"除本分成制"，从企业每月实际销售收入中扣除职工工资以外的一切成本开支后，剩余部分按主管部门批准的分成比例留用。1983年4月，国务院发布《关于城镇集体所有制经济若干政策问题的暂行规定》，指出集体所有制企业有权根据自己的特点和条件，采用适当的工资形式；但对超出国家规定限额工资的部分，要缴纳奖金税。乡镇企业普遍实行经营承包责任制，国家对乡镇企业内部个人收入分配规定了基本政策，主要是实行按劳分配原则，兼顾国家、集体和职工个人三者利益，可以采用多种分配形式，个人收入增长一般不应超过税利增长幅度。乡镇企业内部则普遍实行计件工资制、浮动工资制、基本工资加奖金，也有的实行承包利润上缴和提留后的利润分成制。国家对乡镇集体企业工资的管理，一是由地方财政税务和乡镇企业主管部门共同核定乡镇集体企业进入成本的工资、奖金数额；二是采取"计税工资"制，对超出人均工资标准限额以上的部分征收奖金税。

沿海城市试行经济特区和"经济开发区"后，中外合资、中外合作、外商投资企业发展很快。1980年国务院公布《中外合资经营企业劳动管理规定》，1986年劳动人事部颁布《关于外商投资企业用人自主权和职工工资、保险福利费用的规定》，规定中外合资经营企业、外商投资企业应当参照所在地区国营企业平均工资的一定比例确定职工工资水平，并根据企业经济效益好坏逐步加以调整；具体工资标准、工资形式、奖励、津贴等制度由合资、合营企业自行确定。随着改革开放步伐加大，私营企业出现并逐渐壮大，成为公有制经济必要和有益的补充。私营经济的分配形式主要是计时工资加奖励，也有计件工资。雇主的收入性质比较复杂，既有生产经营的劳动报酬，也有经营风险收入，还占有一定的利润。国家对私营企业工资收入主要通过税收来管理。

第四节　机关、事业单位结构工资制改革

改革开放之前，全国机关、事业单位、企业统一执行1956年确立的、以等级工资制为主要内容的工资制度。在管理体制上，由中央统一管理。国家机关、事业单位、企业职工的工资制度相同，工资标准和工资等级由国家统一调整。等级工资制在实行中出现了职级不

符、劳酬不符等问题，严重影响了干部职工工作积极性，不能适应改革开放和干部队伍建设的需要。随着改革开放步伐不断推进，按劳分配原则在全社会已经确立起来，并在农村和企业得到了较好的贯彻落实，国家经济持续稳定、协调发展，国家财政又有较大增加，机关、事业单位工资制度改革的条件和时机日趋成熟。

一 建立以职务工资为主要内容的结构工资制

1985 年 6 月，《中共中央、国务院关于国家机关和事业单位工作人员工资制度改革问题的通知》（中发〔1985〕9 号）发布，决定对机关、事业单位的工资制度进行改革。根据改革要求，国家机关行政人员、专业技术人员均改行以职务工资为主要内容的结构工资制。工资的结构主要包括基本工资、津贴补贴等。在一般地区，基本工资约占 95%。

（一）基本工资

基本工资由基础工资、职务工资、工龄津贴、奖励工资四个部分组成。其中，基础工资按大体维持工作人员本人基本生活所需费用计算。从领导干部到一般工作人员，所有人员均执行相同的基础工资标准；职务（含技术职务）工资是按职务确定的工资，体现职务高低、责任轻重、工作难易和业务技术水平；工龄津贴以工作人员每工作一年每月增加 0.5 元安排，最高不超过 20 元，体现工作人员的累计贡献；奖励工资用于奖励在工作中做出显著成绩的工作人员，贡献大的多奖，从行政经费节支中开支，不得平均发放。

（二）津贴补贴

主要包括地区性津贴补贴、福利性津贴补贴和特殊岗位性津贴补贴。

1. 地区性津贴补贴

地区性津贴补贴主要包括地区工资补贴、林区津贴、海岛津贴、高原临时津贴、艰苦地区津贴等，重点体现地区物价、生活费用高低和艰苦程度。这次工资制度改革，将原来的四类工资区纳入五类工资区，对五类及五类以上工资区都暂不调整，仍按当时地区工资差别的比例计发地区工资。

2. 福利性津贴补贴

福利性津贴补贴主要包括冬季宿舍取暖补贴、防暑降温补贴、粮油价格补贴、副食品价格补贴、伙食补贴、回民补贴、交通费补贴、水电补贴、洗理费、书刊资料补助费等，主要体现对职工生活费用的补充。

3. 特殊岗位性津贴补贴

特殊岗位性津贴补贴主要包括人民法院办案人员岗位津贴，人民检察院办案人员岗位津贴，监察、纪检部门办案人员外出办案津贴，审计人员工作补贴，司法助理员岗位津贴，海关工作人员津贴和海关缉私船员出海津贴，人民警察执勤岗位津贴，法医、毒物化验人员保健津贴，保健医护人员补贴等。

在事业单位中，对中小学教师、幼儿教师、中专和技校的教师实行教龄津贴，对护士实行护士工龄津贴，对体育运动员实行体育津贴。

二 建立正常晋级增资制度

工资改革要求，每年根据国民经济计划的完成情况，适当安排国家机关、事业单位工作人员的工资增长指标。定期对工作人员的工作表现、贡献大小进行考核。对完成工作任务好的，可在其职务工资标准范围内升级；对没有完成工作任务、成绩很差的，则应降级。

三 完善工资管理体制

国家机关的职务工资标准，在分级管理的原则下制定：中央、省、自治区、直辖市国家机关行政人员的职务工资标准由国家统一制定；省辖市、行署、县、乡国家机关行政人员的职务工资标准，由省、自治区、直辖市在不超过国家制定的职务工资标准和国家安排的工资增长指标范围内制定。

事业单位行政人员和专业技术人员的工资制度，允许根据各行各业的特点确定，既可以实行以职务工资为主要内容的结构工资制，也可以实行以职务工资为主要内容的其他工资制度。实行结构工资制的，可以有不同的结构因素。如医疗卫生事业单位行政管理人员、卫生技术人员实行以职务工资为主要内容的结构工资制，工人实行以岗位（技术）工资为主要内容的结构工资制。

根据这次工资制度改革的总体精神，国家分别对公安干警、地质矿产部直属野外地质勘探队工作人员、成人教育学校教职工、广播电视事业单位工作人员、地震事业单位工作人员、教育部门管辖的校外教育机构工作人员、殡葬事业单位工作人员、测绘系统测绘队工作人员、工程勘察设计事业单位工作人员、地方各级人民检察院工作人员、海上救捞潜水员和海岛航标人员以及长江、黑龙江等内河航道航政船员，潜水员和航道人员等不同类型的单位及其工作人员出台了工资制度改革方案。

四 后续调整

1985年工资改革后，国家根据"巩固、消化、补充、完善"的方针，对机关、事业单位各类人员的工资进行了范围不同的多次调整，解决了分配中的一些突出矛盾。

1986年集中解决了部分专业技术人员工资上的突出问题，适当解决了部分职工职务工资"平台"问题；规定各级国家机关工作人员的奖励工资全年原则上不超过本地区机关工作人员一个月基本工资的数额；从下半年起调整工资区类别，将 1985 年工资制度改革前的五类工资区提高到六类，1985 年由四类工资区提高为五类的暂不提高，六类及六类以上的工资区类别也暂不变动。

1987 年进行职称制度改革，建立各类专业技术人员职务序列，实行专业技术职务聘任制，相应解决专业技术人员的职务工资问题，并适当提高了部分中年专业技术人员的工资；10 月起将中小学教师和幼儿园教师执行的各级工资标准（基础工资、职务工资之和）提高 10%。

1988 年适当提高部分专业技术人员的工资，并调整了工资区类别；提高了机关、事业单位工作人员的奖励工资标准；将护士的工资标准提高 10%。

1989 年机关、事业单位工作人员工资普调一级，重点解决专业技术人员工资中的突出问题，适当解决机关、事业单位其他人员与工资相关的一些突出矛盾。

1991 年 1 月，适当调整机关、事业单位工作人员的奖励工资标准，人均月增加 10 元。

自 1992 年 1 月起，将国家机关、事业单位工作人员的工龄津贴标准由每工作一年 0.5 元提高到 1 元，按本人实际工龄计发。

为缓解国家机关、事业单位工资偏低的矛盾，从 1992 年 3 月起，适当提高工作人员的奖励工资（奖金）标准。

专栏 1-2 1985 年机关、事业单位工资改革过程

改革开放以后，机关、事业单位经历了三次大的工资改革，每次改革都有特殊的背景。第一次改革也就是 1985 年改革，是在思想领域恢复了按劳分配原则，从 1956 年到 1976 年职工平均工资没有增长反而是下降的。因此，改革开放后没有急于去改制

度，而是把工作重点放到了提高工资水平上，开始是部分调，后来是普遍调。经过一段时间准备，1985年开始了工资制度改革。

1985年改革前，机关、事业单位、企业统一执行一个制度，企业工资跟经营效益没有关系，靠国家计划管理，通过计算消费和积累的关系来定工资。1985年改革，把企业和机关、事业单位职工工资分开了。企业工资跟着经济效益走，跟着劳动生产率走；机关、事业单位则回归了公共部门"吃财政饭"的基本属性。机关、事业单位工资由国家来定，企业的工资以企业经营效益为基础，国家进行间接管理、宏观调控。

此外，1985年改革之前，等级工资制度是将级别作为干部管理、工资管理的主线，干部工资与所在单位的层级关系不大，但是跟干部自己的资历紧密联系。1985年工资制度改革则取消了等级工资，建立以职务为主的结构工资制，其他的津贴、补贴很少。由于当时并没有建立在职务不变的前提下调整工资档次的制度，因此运行中又出现了"千军万马挤独木桥"、不当领导工资上不去等新的矛盾。

资料来源：根据课题组访谈资料整理

五　主要成效

1985年的工资制度改革在我国工资制度改革发展史上具有重要的意义。改革实现了企业工资制度与机关、事业单位工资制度脱钩，体现了政企分开、事企分开原则。企业工资不再与机关、事业单位捆绑在一起，改为与企业创造效益相挂钩，建立随国民经济增长和企业效益提高而增加的机制。改革废除了工资待遇终身制，建立起了职务与工资间的联系，在制度上打破了平均主义"大锅饭"，使按劳分配原则得到进一步贯彻，不合理工资关系得到一定程度的校正。本次改革首次提出建立正常的晋级增资制度，从根本上改变过去工资分配中要么长期不动、要么大家"齐步走"的局面。此外，对机关行政人员的工资标准实行分级管理，允许事业单位自行建立适合自己行业特点的工资制度，在科学性上有了较大提高。

当然，这次改革是在我国经济体制和干部人事制度没有进行全面改革的情况下实施的，在运行中又产生了一些新的矛盾、遇到了新的挑战：如以职务作为衡量劳动、晋升工资的主要依据，容易造成滥提职务现象；机关、事业单位出现较为严重的"工资平台"，同一职务不同资历、学历的工作人员工资在一个水平上；又如工资正常增长机制没有有效落实，宏观调控、微观搞活的工资管理体制也没有很好地实现；各地反映自行设置职务工资标准的难度太大，最终实施中都按国家统一标准。此外，工资制度改革缺乏相应的配套措施，也影响了新工资制度优越性的发挥。《中华人民共和国国民经济和社会发展十年规划和第八个五年计划纲要》提出，"八五"期间（1991~1995年），党政机关、事业单位逐步建立起符合各自特点的工资制度，新的工资制度改革开始酝酿。

第二章
初步搭建适应社会主义市场经济体制的
工资制度框架阶段（1993～2002年）

第一节　探索建立适应社会主义市场经济
体制的工资法律规范

一　背景

　　1992年10月召开的党的十四大明确提出我国经济体制改革的目标是建立社会主义市场经济体制。这就意味着我国计划经济体制下形成的各个领域的管理方式要向适应市场经济体制的管理方式转型，企业工资收入分配管理也不例外。市场经济是法制经济，过去那种建立在政策和文件基础上的企业工资收入分配管理制度要向以工资法律法规为主要手段的企业工资收入分配管理制度转变。因此，工资立法就成为一项十分紧迫的任务，被提上议事日程。为此，于1990年12月30日召开的党的十三届七中全会通过的《中共中央关于制定国民经济和社会发展十年规划和"八五"计划的建议》明确将制定《工资法》列为加快经济法制建设，促进经济调控的规范化、制度化的重要内容，同时写入于1991年4月9日召开的第七届全国人民代表大会第四次会议通过的"八五"计划纲要。党的十四大也明确提出要加强立法工作，特别是抓紧制定与完善保障改革开放、加强宏观经济管理、规范微观经济行为的法律和法规，这是建立社会主义市场经济体制的迫切要求。

当然，强化工资立法也是进一步深化工资收入分配改革的必然要求。自1985年以来，我国对国有企业实行了工资总额和经济效益挂钩的宏观管理模式，微观工资收入分配管理权逐步下放给企业，因此，企业微观工资收入分配管理权限的边界划分、宏观调控的方式方法、微观管理又如何进行等，都需要通过法律法规予以明确。

另外，强化工资立法也是当时我国生产关系改革的客观要求。改革进入20世纪90年代，计划经济体制下国有企业占绝对主体地位的局面已经开始被打破，很多民营、合资、外资企业如雨后春笋般出现，过去那种以企业主管部门行政管理为主的工资收入分配管理制度显然无法满足对其他多种经济类型企业管理的需求，强化立法、实现依法管理成为我国生产关系适应生产力变化发展要求的必然选择。

最后，强化立法、实现依法管理也是当时我国企业工资收入分配管理融入国际经济体系的必然途径。当时我国正在与有关国家进行入世谈判，法治而不是人治是企业经济领域的必要门槛和庄严承诺，发达市场经济国家都颁布实施了最低工资、工资决定和正常增长、工资支付、工资保障等方面的法律，国际劳工组织也就劳动者工资权益维护对各国提出了要求，因此，进一步加大改革开放力度让我国经济真正融入国际经济体系，加快工资立法、实现工资收入分配依法管理是重要基础和前提。

专栏 2-1　关于工资立法背景

苏海南：20世纪90年代初，随着初步确立建立社会主义市场经济体制改革目标，进一步深化企业改革，放开对国有企业等的监管；同时，随着非公有制企业大量涌现，工资分配日益成为

各类企业自主决定的事项。与此同时，劳动力供给明显大于需求，劳动力市场上呈现鲜明的资强劳弱态势，劳动者一方既不敢也不会维护自己的权益；而当时政府不论是处理该问题的相关法规政策、手段还是人员配置等均不适应形势发展变化的需要。在此背景下，企业随意压低工人工资，拖欠、克扣工资等侵权现象频频发生。为此，需要首先制定有关法规政策以应对这些问题。基于此，1993年11月24日，劳动部发布了《企业最低工资规定》；1994年12月6日，劳动部发布了《工资支付暂行规定》，分别对最低工资和工资的定义、作用和最低工资标准确定的因素和方法以及发布和实施，工资支付项目，工资支付水平，工资支付形式，工资支付对象，工资支付时间以及特殊情况下的工资支付等做出了相关规定。这两个规章的出台符合当时的实际需要，对于维护劳动者劳动报酬权益发挥了积极作用。但由于受当时各方面主客观因素影响，两个规章也存在不够细致、周全之处，特别是规章位阶不高，法律约束力不强，因此才有后续2004年《最低工资规定》以及其他相关法律法规的出台。

以上法律法规规章以及法律解释，都是针对形势发展变化特别是工资分配领域出现的新情况、新问题制定和做出的，为解决当时出现的有关问题提供了法律法规依据，有利于维护劳动者的合法劳动报酬权益。当然也难免存在一些不足。比如《最低工资规定》对于最低工资标准的确定办法及其口径等还可进一步细化明确；又如现在尚无一部专门的工资法规，不利于全面系统依法规范工资分配行为，等等。这都有待今后通过继续加强工资立法工作逐步加以解决。

资料来源：根据课题组专访本人资料整理

二 工资收入分配有关法律法规及其主要内容

本阶段颁布出台的工资法律规范呈现多层次化，最高层次的法律是《中华人民共和国劳动法》（以下简称《劳动法》），其次是《全民所有制工业企业转换经营机制条例》，再次是一些行政法规和地方性法规，包括《企业最低工资规定》、《劳动部关于〈中华人民共和国劳动法〉若干条文的说明》（劳办发〔1994〕289号）、《工资支付暂行规定》（劳部发〔1994〕489号）、《劳动部关于印发关于贯彻执行〈中华人民共和国劳动法〉若干问题的意见的通知》（劳部发〔1995〕309号）等。具体包括以下法律规范内容。

（一）有关国家宏观调控权的法律规范

1994年7月5日通过、1995年1月1日起施行的《劳动法》第四十六条规定国家对工资总量实行宏观调控。这就意味着从国家法律层面首次明确规定国家对工资总量的宏观调控权，为国家健全完善工资收入分配宏观调控体系提供了法律依据。

（二）有关企业享有工资奖金分配权的法律规范

1992年7月23日颁布的《全民所有制工业企业转换经营机制条例》明确规定企业享有工资、奖金分配权。《劳动法》也明确规定用人单位根据本单位的生产经营特点和经济效益，依法自主确定本单位的工资分配方式和工资水平。这就明确了用人单位享有工资分配方式和工资水平的依法自主确定权，这是我国从国家法律层面首次承认企业的工资分配自主权。

（三）有关劳动者劳动报酬权的法律规范

《劳动法》第三条规定劳动者享有取得劳动报酬的权利，这是首次从国家法律层面承认劳动者的劳动报酬权。

劳动者的劳动报酬权不仅体现在劳动合同签订阶段，而且体现在集体合同的协商签订过程中。《劳动法》第十九条明确规定劳动报酬条款为劳动合同的必备条款，第三十三条规定企业职工一方与企业可以就劳动报酬事项签订集体合同。如果劳动合同中约定的劳动报酬与集体合同中约定的劳动报酬发生冲突，则应当按照有利于劳动者的原则确定，《劳动法》第三十五条规定："依法签订的集体合同对企业和企业全体职工具有约束力。职工个人与企业订立的劳动合同中劳动条件和劳动报酬等标准不得低于集体合同的规定。"这就意味着劳动者与用人单位签订的劳动合同约定的劳动报酬低于集体合同规定标准的，无效。

用人单位侵害劳动者的劳动报酬权，应当承担违约责任。《劳动法》第三十二条明确规定，用人单位未按照劳动合同约定支付劳动报酬或者提供劳动条件的，劳动者可以随时通知用人单位解除劳动合同而无须承担任何违约责任。

（四）有关工资界定的法律规范

1994年12月6日发布的《工资支付暂行规定》规定，工资是指用人单位依据劳动合同的规定，以各种形式支付给劳动者的工资报酬。

1995年8月4日发布实施的《关于贯彻执行〈中华人民共和国劳动法〉若干问题的意见》对工资做了大致相似但更为翔实的解释，该意见规定工资是指用人单位依据国家有关规定或劳动合同的约定，以货币形式直接支付给本单位劳动者的劳动报酬，一般包括计时工资、计件工资、奖金、津贴和补贴、延长工作时间的工资报酬以及特殊情况下支付的工资等，不包括单位支付给劳动者个人的社会保险福利费用、劳动保护方面的费用以及按规定未计入工资总额的各种劳动报酬及其他劳动收入。

（五）有关加班工资的法律规范

《劳动法》第四十四条规定："有下列情形之一的，用人单位应当按照下列标准支付高于劳动者正常工作时间工资的工资报酬：①安排劳动者延长工作时间的，支付不低于工资的百分之一百五十的工资报酬；②休息日安排劳动者工作又不能安排补休的，支付不低于工资的百分之二百的工资报酬；③法定休假日安排劳动者工作的，支付不低于工资的百分之三百的工资报酬。"

1994年9月5日发布实施的《劳动部关于〈中华人民共和国劳动法〉若干条文的说明》对上条的"工资"进行了解释，实行计时工资的用人单位，指的是用人单位规定的其本人的基本工资，计算方法是：用月基本工资除以月法定工作天数即得日工资，用日工资除以日工作时间即得小时工资；实行计件工资的用人单位，指的是劳动者在加班加点的工作时间内应得的计件工资。

（六）有关工资支付的法律规范

一是规定工资支付形式。《劳动法》第五十条规定："工资应当以货币形式按月支付给劳动者本人。不得克扣或者无故拖欠劳动者的工资。"《劳动部关于〈中华人民共和国劳动法〉若干条文的说明》对前述条款中的相关概念进行了解释："货币形式"排除发放实物、发放有价证券等形式。"按月支付"应理解为每月至少发放一次工资，实行月薪制的单位，工资必须每月发放，超过企业与职工约定或劳动合同规定的每月支付工资的时间发放工资即为不按月支付。实行小时工资制、日工资制、周工资制的单位，工资也可以按日或按周发放，并且要足额发放。"克扣"是指用人单位对履行了劳动合同规定的义务和责任，保质保量完成生产工作任务的劳动者，不支付或未足额支付其工资。"无故拖欠"应理解为，用人单位无正当理由在规定时间内故意不支付劳动者工资。

二是规定法定假期及依法参加社会活动期间的工资支付规范。《劳动法》第五十一条规定，劳动者在法定休假日和婚丧假期间以及依法参加社会活动期间，用人单位应当依法支付工资。

三是规定劳动者患病或非因工负伤治疗期间的工资支付规范。《关于贯彻执行〈中华人民共和国劳动法〉若干问题的意见》第五十九条规定，职工患病或非因工负伤治疗期间，在规定的医疗期内由企业按有关规定支付其病假工资或疾病救济费，病假工资或疾病救济费可以低于当地最低工资标准支付，但不能低于最低工资标准的80%。

四是规定非因劳动者原因造成单位停工、停产期间的工资支付规范。《工资支付暂行规定》第十二条规定，非因劳动者原因造成单位停工、停产在一个工资支付周期内的，用人单位应按劳动合同规定的标准支付劳动者工资。超过一个工资支付周期的，若劳动者提供了正常劳动，则支付给劳动者的劳动报酬不得低于当地的最低工资标准；若劳动者没有提供正常劳动，应按国家有关规定办理。

（七）有关最低工资的法律规范

《劳动法》第四十八条明确规定国家实行最低工资保障制度。同时规定最低工资的具体标准由省、自治区、直辖市人民政府制定，报国务院备案。对于最低工资标准确定时考虑的因素，《劳动法》第四十九条规定，确定和调整最低工资标准应当综合参考劳动者本人及平均赡养人口的最低生活费用、社会平均工资水平、劳动生产率、就业状况、地区之间经济发展水平的差异等五个方面的因素。第四十八条同时规定用人单位支付劳动者的工资不得低于当地最低工资标准。上述规定为我国进一步健全完善最低工资保障制度奠定了基础，提供了法律依据。

（八）有关用人单位破产时劳动者工资优先权

《工资支付暂行规定》第十四条规定，用人单位依法破产时，劳动者有权获得其工资。在破产清偿中用人单位应按《中华人民共和国企业破产法》规定的清偿顺序，首先支付欠付本单位劳动者的工资。

（九）有关用人单位依法扣减劳动者工资的规范

一是规定用人单位代扣代缴劳动者工资情形。《工资支付暂行规定》第十五条规定："用人单位不得克扣劳动者工资。有下列情况之一的，用人单位可以代扣劳动者工资：（一）用人单位代扣代缴的个人所得税；（二）用人单位代扣代缴的应由劳动者个人负担的各项社会保险费用；（三）法院判决、裁定中要求代扣的抚养费、赡养费；（四）法律、法规规定可以从劳动者工资中扣除的其他费用。"

二是规定因劳动者本人原因给用人单位造成经济损失劳动者工资扣减办法。《工资支付暂行规定》第十六条规定："因劳动者本人原因给用人单位造成经济损失的，用人单位可按照劳动合同的约定要求其赔偿经济损失。经济损失的赔偿，可从劳动者本人的工资中扣除。但每月扣除的部分不得超过劳动者当月工资的20%。若扣除后的剩余工资部分低于当地月最低工资标准，则按最低工资标准支付。"

（十）有关侵害劳动者工资权益的责任规范

一是规定了侵害劳动者工资权益的补偿及赔偿办法。《劳动法》第九十一条规定："用人单位有下列侵害劳动者合法权益情形之一的，由劳动行政部门责令支付劳动者的工资报酬、经济补偿，并可以责令支付赔偿金：（一）克扣或者无故拖欠劳动者工资的；（二）拒不支付劳动者延长工作时间工资报酬的；（三）低于当地最低工资标准支付劳动者工资的；（四）解除劳动合同后，未依照本法规定给予劳动者经济补偿的。"

二是规定了工资争议的救济途径。《工资支付暂行规定》第十九条规定："劳动者与用人单位因工资支付发生劳动争议的，当事人可依法向劳动争议仲裁机关申请仲裁。对仲裁裁决不服的，可以向人民法院提起诉讼。"

（十一）有关用人单位内部工资支付制度的制定程序

《工资支付暂行规定》第十七条规定："用人单位应根据本规定，

通过与职工大会、职工代表大会或者其他形式协商制定内部的工资支付制度，并告知本单位全体劳动者，同时抄报当地劳动行政部门备案。"

三　主要成效

20世纪90年代，我国以《劳动法》有关工资规范为基本依据开展的工资立法活动在我国工资收入分配改革过程中产生了非常积极的影响，为保障我国工资收入分配改革平稳有序推进起到了重要保障作用。

一是为我国经济体制转轨时期工资分配自主权有效转移奠定了坚实的基础。既为我国政府由计划经济体制向市场经济体制转轨过程中向企业下放工资分配自主权创造了条件，又为我国政府微观管理权下放、保留宏观调控权及具体行使哪些宏观调控权提供了法律依据。

二是为我国企业行使好工资分配自主权提供了规范。由计划经济体制向市场经济体制转型，我国企业从政府手里接过了工资分配自主权，工资分配自主权如何行使，包括如何向职工分配和支付工资，对于我国企业来说是陌生的，工资立法为企业履行好工资分配自主权提供了及时的帮助和指导。

三是有效维护我国劳动者合法工资权益，保障劳动者的基本权利。获得劳动报酬是劳动者维持和提高生活水平的全部或主要手段，也是在劳动关系中用人者所担负的主要义务。在计划经济模式下，我国劳动报酬的形式、水平、标准以及津贴、奖金等支付方式都由主管部门统一安排，职工的升级调资也都是按国家的统一规定进行，这显然已不适合市场经济下的情况。在市场经济条件下，劳动法律对于劳动报酬不能规定得过死，但也不能放任自流，任凭双方当事人自由行事。它的作用在于，规定确立报酬的基本原则，保证劳动报酬及时、直接并真实地为劳动者所享有，这是其一。其二便是确立最低工资标准。保障劳动者获得基本劳动报酬的权利。尤其是在劳动力供大于求的情况下，阻止用人者侵犯劳动者的合法收益权就显得更为必要和紧迫。

四是为促进我国相关配套领域改革提供了有效支撑。工资立法活动不仅有利于将工资分配改革成果固定下来，更好地推动了工资领域的进一步改革，而且有效配合了劳动、人事制度和国有企业等相关领域改革，促进我国经济体制改革的全面有序推进。

当然，20世纪90年代开展的工资立法活动由于受改革主客观条件的限制，也不可避免地存在一定的历史局限性，具体表现如下。

一是立法层次有待进一步提高。工资领域的立法除了《劳动法》设置的工资专章，《全民所有制工业企业转换经营机制条例》有关企业工资分配管理权的规范，属于法律法规外，其余都属于部颁规章，或者地方性法规规章，还有很多规范性文件，立法层次相对较低，法律效力受到影响。

二是系统性有待进一步增强。这一时期的工资立法主要表现为最低工资、工资支付等方面的立法，工资决定机制、工资支付保障机制、工资权益救济机制等方面的立法少，或者很不完善。

三是一些工资法律规范过于笼统、原则，给实际操作带来一些困惑和难题，比如《劳动法》第四十六条规定工资水平在经济发展的基础上逐步提高，作为一种政策性提倡尚可，但作为一种法律规范在实际工作中不便于操作。

四是仍然带有一定的计划经济色彩。比如关于加班工资的基数，基本工资是计划经济体制下企业工资结构中的工资单元，市场经济体制下的企业自主分配模式不再存在统一的基本工资单元，再将此规定为加班工资的基数必然带来管理和操作上的混乱。

第二节　建立最低工资制度

一　建立最低工资制度的历史背景和过程

随着经济体制改革的逐步深化，我国逐渐从计划经济向社会主义市场经济转变，企业拥有了一定的工资分配自主权，这就要求保障劳动者的基本劳动报酬权益，最低工资制度应运而生。

（一）1993年前的探索

我国最低工资制度的建立经历了一个较长的过程。中华人民共和国成立前，中国共产党在所辖地区致力于推动实施最低工资制度。1922年，中国劳动组合书记部拟定了《劳动法案大纲》，并将其发表于机关报《劳动周刊》上，其中第十三条明确提出"为保障劳动者之最低工资计，国家应制定保障法，制定此项法律时，应许可全国劳动总工会代表出席，私营企业或机关之工资均不得低于最低工资"。1931年，中华工农兵全国苏维埃第一次代表大会通过了《中华苏维埃共和国劳动法》，其中第二十五条明确规定："任何工人之工资不得少于由劳动部所规定的真实的最低工资额，各种工业部门的最低工资额，至少每三个月由劳动部审定一次。"1940年，陕甘宁边区政府颁布了《陕甘宁边区劳动保护条例（草案）》，其中第九条规定，工人工资不得低于最低工资率，最低工资率以所在地之生活状况为准，由工会雇主工人共同商定之。1948年，在哈尔滨召开的第六次全国劳动大会上通过了《关于中国职工运动当前任务的决议》，其中明确规定，职工最低工资，连本人在内要够维持两个人的生活，即对最低工资计算的赡养系数做了规定；该决议还涉及了最低工资的购买力问题，提出战时物价不可避免地会有波动，为保障职工最低生活水准，最低工资不能不因物价高涨而增加。1949年9月，全国政协通过的

《中国人民政治协商会议共同纲领》也明确规定，人民政府应按照各地各业情况规定最低工资。

中华人民共和国成立后，开始了社会主义计划经济建设。在此期间，受到意识形态的影响，理论界认为最低工资是为了缓解资本主义的劳资矛盾而设立的，社会主义社会按劳分配，因而不存在最低工资，最低工资制度在我国陷于停滞状态。实践中，计划经济时期各类人员的工资均统一规定，这一时期的起点工资，在一定意义上也是最低工资标准，实现了对劳动者的最低工资保护。

改革开放后，随着我国计划经济向市场经济逐步转型，外商投资、私营企业等多种经济形式不断出现，原有计划经济体制下的工资体制已不能适应形势发展。私营企业和外商投资企业劳动者不实行计划经济的等级工资制，得不到最低工资标准的保护；同时，计划经济时期的工资标准长期得不到正常调整，无法满足劳动者生活水平正常提高的实际需求。1985 年，国家对企业工资制度做出重大改革，取消了全国等级工资标准，在国家宏观调控下，实行工效挂钩办法，企业享有内部分配自主权。基于上述两个背景，我国有必要建立与市场经济相适应的新的最低工资标准体系。

1984 年，我国宣布承认 1930 年由国民政府批准的国际劳工组织第 26 号《制订最低工资确定办法公约》，该公约规定会员国应确定最低工资率来保护劳动者的基本权益，公约还明确，有关的雇主与工人应参与此办法的实施事宜，其参与的方式及程度，得由国家法律或条例予以规定。

1988 年 8 月，广东省颁布《广东省经济特区劳动条例》，其中第三十九条规定，特区各个时期的职工最低工资标准由特区所在市人民政府（汕头经济特区管委会）决定，市（特区）劳动局公布实施。用人单位每月发给职工的工资不得少于规定的最低标准。根据此条例，1989 年 11 月，珠海市率先通过立法设定了最低工资标准，之后深圳、广州、江门等市也相继出台了相关措施。

（二）1993年后的逐步制度化运行

1993 年底，为推动劳动力市场建设与工资分配法制化，充分保障劳动者最低报酬权益，劳动部制定颁布了《企业最低工资规定》（劳部发〔1993〕333 号），对最低工资的内涵、确定调整办法、管理制度等做了详细规定。这是我国最低工资保障制度方面的第一个全国性规章，为在《劳动法》中做出国家实行最低工资保障制度的规定奠定了基础，具有重要意义。

1994 年 7 月 5 日，为了适应中国劳动力市场发展和协调劳动关系的需要，更好地维护劳动者的合法权益，第八届全国人民代表大会常务委员会第八次会议审议通过并公布了《中华人民共和国劳动法》，就规范劳动关系各方面行为做出了全面的法律规定，其中第四十八条规定"国家实行最低工资保障制度"，首次将最低工资政策上升到国家法律层面，增强了最低工资政策的权威性和强制力。

1994 年 10 月 8 日，劳动部印发《关于实施最低工资保障制度的通知》（劳部发〔1994〕409 号），要求贯彻劳动法关于实行最低工资保障制度的精神，同时对《企业最低工资规定》做出适当修正和补充：《企业最低工资规定》中使用的"最低工资率"均改为"最低工资标准"，其含义不变；对《企业最低工资规定》中的"正常劳动"，明确是指劳动者按劳动合同的约定，在法定工作时间内从事的劳动，劳动者依法律、法规的规定休假、探亲以及参加社会活动等，应视同提供了正常劳动；关于最低工资标准的组成，除《企业最低工资规定》中列举的扣除项目外，用人单位通过贴补伙食、住房等支付给劳动者的非货币性收入不包括在内；个体经济组织和与之形成劳动关系的劳动者，以及国家机关、事业组织、社会团体和与之建立劳动合同关系的劳动者参照《企业最低工资规定》执行。

二 最低工资制度的主要内容

（一）我国最低工资的管理体制

由于我国幅员辽阔，各地经济发展水平差异较大，因此《劳动法》第四十八条规定："最低工资的具体标准由省、自治区、直辖市人民政府规定，报国务院备案。"

《企业最低工资规定》明确，在确定最低工资标准时，当地劳动保障行政部门要会同同级工会、企业家协会研究，并向当地工商联合会、财政、民政、统计等部门咨询。《关于实施最低工资保障制度的通知》也明确要求：各省、自治区、直辖市劳动行政部门拟定和调整最低工资标准的，应先报劳动部，报出 25 日内未接到变更意见，或接到变更意见进行修改后，报当地人民政府批准发布。该通知还要求，各省、自治区、直辖市人民政府劳动行政机构在报送拟定的本地区最低工资标准时，应将制定依据、适用范围及有关详细说明一并报送，以便审核；劳动部在接到报告后，应邀集全国总工会、企业家协会共同研究；如果报送的最低工资标准及适用范围不妥，劳动部有权提出变更意见，并在 15 日内以书面形式给地方劳动行政部门以回复。

（二）最低工资标准的内涵及适用范围

根据《劳动法》有关规定，最低工资是劳动者在法定工作时间内提供了正常劳动的前提下，用人单位支付的最低劳动报酬。法定工作时间是指国家有关工时制度规定的工作时间；正常劳动是指劳动者按照劳动合同或其他确定劳动关系契约的有关规定在法定工作时间内从事的脑力或体力劳动。《关于实施最低工资保障制度的通知》第三条第二款还规定：劳动者依法律法规的规定休假、探亲以及参加社会活动等，应视同提供了正常劳动。如果劳动者提供了超时劳动，或者劳动的场所、条件、方式、任务发生变化，使劳动者从事的劳动需要付出更多时间、体力、脑力等，劳动者的劳动付出应该得到额外补偿。同样，未完成劳动合同约定的工作任务，或者违反劳动纪律等，也可能不能得到最低工资制度的保护。

按照我国统计口径，工资一般由计时工资、计件工资（包括计件超额工资）、奖金、津贴补贴、加班加点工资、其他工资等组成，《企业最低工资规定》没有把奖金排除在最低工资的组成部分之外。但是《企业最低工资规定》和《关于实施最低工资保障制度的通知》明确将下列收入排除在最低工资组成之外：（1）加班加点工资；（2）中班、夜班、高温、低温、井下、有毒有害等特种作业环境、条件下的津贴；（3）国家法律法规和政策规定的劳动者保险、福利待遇；（4）用人单位通过补贴伙食、住房等支付给劳动者的非货币性收入等。除上述项目外，非经常性奖金（如劳动竞赛奖、因做出使本企业获益的发明创造而获得的奖励等）也不应作为最低工资的组成部分。

根据《劳动法》的规定，我国的最低工资保障制度主要适用于在中华人民共和国境内的企业（包括国有企业、各种联营企业、股份制企业、外商投资企业、私营企业等）、个体经济组织和与之形成劳动关系的劳动者。国家机关、事业单位、社会团体和与之建立劳动关系的劳动者也要参照有关规定执行。由于乡镇企业劳动者除了有工薪收入外，一般还有其他农副产品收入，对于乡镇企业劳动者是否适用于最低工资保障制度，《企业最低工资规定》中规定由各省、自治区、直辖市人民政府决定。

（三）最低工资标准的影响因素及制定调整

1. 最低工资标准的影响因素

我国《劳动法》第四十九条规定，确定和调整最低工资标准应综合考虑下列因素：（1）劳动者本人及其平均赡养人口的最低生活费用；（2）社会平均工资水平；（3）劳动生产率；（4）就业状况；（5）地区之间经济发展水平差异。

劳动者本人及其平均赡养人口的最低生活费用，是确定最低工资标准时需要考虑的首要因素。最低生活费用的数额，可参照统计部门对城镇居民进行的家计调查户数中10%最低收入户的人均生活支出额，该支出额乘以就业者的平均赡养系数，可以得出最低工资的参考值。另外，最低生活费的测算也可根据国家营养学会公布的我国居民的标准食物，计算出本地区标准食物的价格，然后利用本地恩格尔系数，计算出每人平均所需生活费，再乘以赡养系数得出最低工资参考值。这一指标理所当然还需考虑城镇居民消费价格指数，它代表着最低工资标准不应因物价上涨而购买力下降。

社会平均工资水平因素主要关注最低工资标准适用的低收入劳动者与其他劳动者之间的相对差距，也是确定调整最低工资标准时的重要因素。在我国目前的统计体系中，"平均工资"比较复杂。在实际使用过程中，数据不尽客观真实往往带来诸如"最低工资标准占社会平均工资比例过低"等一些误解，需要引起关注。

劳动生产率是对平均每一个劳动者所创造价值的衡量，在一定程度上可以体现企业及社会的承受能力，因此也是最低工资标准制定的重要指标。

就业状况因素要求最低工资标准的调整需要考虑社会就业状况，最大限度地降低最低工资标准的负面效应，使最低工资标准的调整不会显著影响社会就业，将劳动者的当前利益与长远利益更好地统筹起来。

地区之间经济发展水平差异因素要求最低工资标准的确定和调整需要考虑地区经济发展的承受能力。最低工资标准的提高，原则上应该与体现地区经济发展水平的劳动生产率的增长相适应，不宜过高，也不宜过低。

2. 最低工资标准的制定调整方法

《企业最低工资规定》推荐了两种计算最低工资标准的方法，一是比重法，即根据城镇居民家计调查资料，确定一定比例的最低人均收入户为贫困户，统计出贫困户的人均生活费用支出水平，乘以每一就业者的赡养系数，再加上一个调整数。二是恩格尔系数法，即根据国家营养学会提供的年度标准食物食谱及标准食物摄取量，结合标准食物的市场价格，计算出最低食物支出标准，除以恩格尔系数，得出最低生活费用标准，再乘以每一就业者的赡养系数，再加上一个调整数。

3. 最低工资标准的制定调整节奏

《企业最低工资规定》第十五条规定，当有关"因素发生变化时，或者本地区职工生活费用价格指数累计变化较大时，应当适时调整，但每年最多调整一次"。国外对最低工资的调整基本上有两种方式，一种是定期调整，另一种是不定期调整，我国实行的是不定期调整。

此外，要求企业严格执行最低工资规定，并对违反最低工资规定的惩处措施也进行了明确。

三　实施最低工资制度的主要成效

一是保护劳动者个人及其家庭成员的基本生活和劳动者的合法权益。在劳动力市场供求双方的竞争中，一般来说，需求者居于优势，而最低工资制度根据公平原则的要求，为劳动者提供维持基本生活所需要的保障，对劳动力及其劳动者基本利益要求起着兜底保障作用。

二是适应社会主义市场经济发展的需要。建立社会主义市场经济体系，企业拥有自主分配权，这就要求在国家层面有与之相适应的工资收入宏观调控制度体系，最低工资制度就是其中很重要的一项。在20世纪90年代我国向市场经济转型的过程中，由于劳动力市场供过于求，最低工资标准成为保障劳动者利益、调节职工和企业双方关系、规范市场竞争秩序、维护社会稳定的一个重要手段，适应了社会主义市场经济发展的需要。

三是促进劳动者素质的提高和企业公平竞争。最低工资制度规定了用人单位必须支付给劳动者最低限度的工资，对于劳动力生产与再生产的最低成本有了明确规定，有利于促进劳动者素质的提高。同时，最低工资制度的核心内容是用人单位支付给劳动者的工资不得低于当地最低工资标准，最低工资标准是在劳动力市场上供求双方就工资而展开竞争的起点，这对于规范劳动力供求双方的竞争行为和竞争条件，特别是规范劳动力需求者的行为、促进企业公平竞争具有重要意义。

同时，也存在一些有待进一步完善的问题。一是制度规定有待进一步完善。1993年制定的《企业最低工资规定》，未将民办非企业单位劳动者列为最低工资保障对象；同时，标准形式不尽明确，虽然明确"最低工资率一般按月确定，也可按周、日或小时确定。各种单位时间的最低工资率可以互相转换"，并且也指出"对不同经济发展区域和行业可以确定不同的最低工资率"，但是实践中适用于非全日制就业劳动者的小时最低工资标准并未得到推行。二是最低工资标准的正常调整机制未明确。实践中，部分地区每年调整，部分地区四五年不调整，不利于最低工资制度保障劳动者及其赡养人口基本生活的功能定位有效发挥。三是有效执行有待进一步加强。少数企业通过随意提高劳动定额、降低计件单价等手段变相违反最低工资规定，用人单位遵守最低工资规定的意识有待增强。

第三节　探索企业经营者年薪制

一　建立企业经营者年薪制的历史背景

改革开放以来，在相当长的一段时期里，我国对企业实行集中统一管理体制。这种体制下企业按照不同规模分成不同级别单位，且企业厂长（经理）实行等级工资制。

到 20 世纪 90 年代初期，企业经营者工资制度已不适应当时形势发展的需要，主要表现在：一是缺乏对经营者的有效激励机制；二是基本报酬延续了月薪制，且纳入企业统一的工资制度，没有突出体现经营者的劳动特点及重要性，不利于培养职业化经营者；三是将经营者收入与职工收入紧紧捆绑在一起，不利于现代企业制度的培育[1]；四是对经营者收入监管不够，部分人有较多的灰色收入或不透明的职务消费，缺乏相应的约束机制。当时旧的分配制度问题暴露了我国国有企业经营者分配制度的不足，劳动部开始积极探索和研究年薪制，通过试点先行先试，再逐步推行。

二　企业经营者年薪制探索试点进程

（一）1992年前的探索

为调动厂长（经理）的生产经营积极性，1988 年国务院颁布了《全民所有制工业企业承包经营责任制暂行条例》，对国有企业厂长经理的工资收入做出了规定，即可以高于职工平均工资 1~3 倍，这是改革开放后对经营者工资收入管理方式的一大突破。

---

[1]　王崇光、徐延君：《关于国有企业经营者年薪制改革的基本构想》，《经济管理》1995 年第 9 期，第 57~59 页。

1986 年，国务院又进一步规定，凡全面完成任期年度目标的，经营者个人收入可以高出职工收入的 1～3 倍，做出突出贡献的还可以再高一些。1986 年 11 月，劳动人事部在无锡召开的工资改革会议上，提出把企业经营者的收入与企业经营成果挂起钩来。有的省市制定了企业经营者收入分配办法，对厂长（经理）的工资收入档次按人均利税水平来确定。达到国家级企业的，厂长（经理）的工资可以高于职工平均收入的 2 倍，企业效益不好的要扣减经营者的收入；也有的省市规定，对完成任务好、经济效益比较高的企业的厂长（经理），由主管部门出面，按效益增长情况给予奖励，使他们在物质利益上得到回报。1988 年国务院发布的《全民所有制工业企业承包经营责任制暂行条例》（国发〔1988〕13 号）又重申了上述政策。

（二）1992 年后的试点

1992 年，劳动部、国务院经济贸易办公室发布了《关于改进完善全民所有制企业经营者收入分配办法的意见》（劳薪字〔1992〕36 号），进一步明确提出，要把国有资产的保值增值和企业发展后劲作为确定经营者收入水平的重要依据之一，并将承包经营合同完成程度与经营者收入水平挂钩进一步细化。1992 年国务院发布的《全民所有制工业企业转换经营机制条例》又明确规定，企业连续三年全面完成上交任务，并实现企业财产增值的，要对厂长或者厂级领导给予奖励。从而把企业经营者收入与其工作业绩进一步联系在一起。

早在 20 世纪 90 年代初期，劳动部就先后组织北京、上海、深圳、福建、四川等省市进行经营者年薪制试点工作。1997 年 5 月，劳动部正式决定在百家国有企业推广年薪制试点工作，至年底时，全国试点企业超过一万家。1992 年，上海市轻工局选择英雄金笔厂、上海油墨厂和上海纸箱厂三家企业作为经营者年薪制试点单位，拉开了经营者年薪制改革的大幕。自此，企业经营者年薪制试点工作在全国各地迅速开展起来。1994年9月，深圳推出《试点企业董事长、总经理年薪制办法》。随后，江苏、四川、福建、湖北、河南等省份也开始进行年薪制试点，大部分省、自治区、直辖市都制定了年薪制试点办法。

1996年，劳动部印发《劳动事业发展"九五"计划和2010年远景目标纲要》（劳部发〔1996〕177号），提出"九五"时期企业工资分配制度改革和工资增长的主要目标是：到2000年，初步建立起以按劳分配为主体的市场机制决定、企业自主分配、政府监督调控的工资分配体制。其中具体措施就包括改革企业工资决定机制，试行企业经营者年薪制。

党的十五大和十五届四中全会精神奠定了国有企业推行年薪制的政策依据。党的十五大提出在分配结构和方式上"坚持按劳分配为主体、多种分配方式并存的制度。把按劳分配和按生产要素分配结合起来，坚持效率优先、兼顾公平"。党的十五届四中全会提出建立和健全国有企业经营管理者的激励和约束机制，实行经营管理者收入与企业的总体经营业绩挂钩，少数企业试行经理年薪制、持有股权等分配方式，这也是我国国有企业年薪制包括股票期权激励机制实施的政策依据①。党的十五届五中全会通过的《中共中央关于制定国民经济和社会发展第十个五年计划的建议》又进一步指出，要建立健全收入分配的激励和约束机制，对企业领导人和科技骨干实行年薪制和股权、期权试点。

各地主要在国有企业、国有独资公司以及国有控股公司进行年薪制试点，实行年薪制的经营者为厂长（经理）一人，党委书记和董事

---

① 鲁建彪：《关于推行国有企业经营者年薪制的理论思考》，《云南民族学院学报》（哲学社会科学版）2001年第4期，第40～43页。

长的工资收入比照年薪制办法执行。年薪收入一般分为基本年薪和效益年薪两部分，基本年薪按企业和地区平均工资的一定倍数确定，分月预付；效益年薪同经营者的经营管理业绩挂钩，主要指标有国有资产保值增值率、实现利润、资本收益率等，年终经考核审批后兑现。如湖南株洲基本年薪收入主要依据企业规模、经济效益和本地、本单位职工平均工资确定，风险收入按最高基薪收入的 1.5 倍确定；江苏南通国有企业按照按劳分配和责任、风险、利益相一致等原则，以资产规模、利润、职工人数为计算指标，确定经营者年薪倍数。经营者除了获取年薪收入外，一律不得再从本企业取得各种津贴、奖金等其他工资性报酬。经营者年薪收入相当于职工平均工资的倍数，多数地区政策规定在 6 倍以内；少数地区在 6～10 倍；也有个别地区没有倍数控制，上不封顶。从实际考核兑现结果看，多数经营者实际年薪收入相当于职工平均收入的 4～6 倍。

三 探索企业经营者年薪制的主要成效

经过十年左右对经营者年薪制的改革试点，经营者年薪制试点已逐步扩大到全国大部分省市，积累了比较丰富的经验，也取得了较好的成效。

一是强化了经营者的责任感，建立了工资收入分配的激励机制。年薪制试点和推行，打破了原有的行政等级和工资待遇，克服了以往月薪制的种种弊端，使经营者年薪与企业职工收入脱钩而与企业经济效益直接挂钩，体现了按劳分配和责任、风险、利益相一致的原则，有利于克服经营者的短期行为，调动了经营者的积极性、主动性和创造性，使其与企业结成更紧密的命运共同体。

二是促进企业内部建立工资增长的自我约束机制。由于经营者更重视效益和资产的保值增值，这样不但维护了国家利益，而且使经营者对原材料采购、设备维护、产品销售等各个环节注意精打细算，严格管理，挥霍、挪用、贪污等不正当行为也随之减少①。同时，经营者个人收入从职工工资性收入中分离出来，从而抑制了一些企业超过经济效益增幅滥发工资奖金、经营者与生产者联手对付所有者的现象，从而在一定程度上减少了国有资产流失和收入分配向个人倾斜的情况②。

三是增强了经营者收入分配的透明度，有助于现代企业制度的建立。在试点中，多数地区把工作着力点放在建立新的机制上，使经营者年薪收入与企业经营业绩紧密联系，规范经营者收入渠道，提高收入透明度，保持经营者收入与职工工资的合理比例。有的地区还会同组织、人事部门探索经营者选拔、任用、考核等方面的综合配套改革办法。经营者年薪制的核心就是把经营者的利益与职工分离，同时与企业的生产经营成果及风险挂钩，有利于促进企业产权明晰化和现代企业制度的建立。

当然，试点企业实施过程中也出现了一些困难和问题，甚至在1997年初，劳动部宣布在全国暂停实施年薪制。主要表现在：一是思想认识偏差，造成收入过高或推行积极性不高。有的地区和企业对试点工作的指导思想、目的和意义认识不清，错误地认为年薪制就是给经营者加工资，甚至部分试点单位存在盲目攀比年薪收入的倾向，少数经营者年薪收入偏高；有的经营者有顾虑，担心搞年薪制自己被孤立，或不愿承担过大压力；有的企业平均主义倾向还很严重，难以接受合理拉开收入分配差距等。二是经营者收入水平难以合理确定。企业内部收入差距没有统一、有效的操作规范；企业外部收入分配比

---

① 仝新顺、张树军：《年薪制的理论与实践》，《经济经纬》1997年第4期，第9～10页。
② 廖永红：《我国企业年薪制的实施情况及若干亟待解决的问题》，《特区经济》1998年第7期，第29～30页。

例关系不好确定，合理确定经营者的年薪收入有一定的难度。三是年薪制相关政策办法不系统、不规范。由于当时尚处于探索和试验阶段，国家层面没有出台统一的指导措施和办法，各地实施办法千差万别。第一，对试点条件、实施对象规定不够明晰。各地界定标准不一。有的对试点没有规定限制条件，什么企业都可以试；有的将实施对象扩大到整个经营班子，甚至连中层经营管理人员都跟着"水涨船高"。第二，对水平调节、考核指标规定不够周全。第三，资金来源、约束机制、分配关系规定得不够清晰明确。此外，一些试点企业经营者的年薪收入仍只同本企业职工的平均工资挂钩，没能真正建立科学的考核目标责任制，将企业经营者的收入与企业经营效益真正联系起来。四是年薪制试点的条件和环境有欠缺。年薪制改革单兵突进，相应的配套改革制度没有完全到位，阻碍改革正常发挥作用。第一，现代企业制度不健全，企业产权制度改革不到位，法人治理结构不健全，企业权力机构、决策、执行、监督机构权责不清晰，特别是经理（厂长）的产生仍主要靠任命制，未形成竞争上岗机制和经理人市场。这些都严重影响了年薪制的有效实施。实践证明，由于缺乏配套措施，试点工作探索不足，在实行年薪制的企业国有资产仍大量流失，存在亏损严重现象，年薪制未能达到预期效果，是其一度暂停实施的重要原因①。第二，有关综合配套改革滞后，实行年薪制的基础管理工作相对薄弱。如当时我国市场经济还没有真正建立、市场机制发育不全，企业的生产、经营活动受到政策、市场、环境等因素的影响，企业效益稳定性差，因此，挂钩考核指标基数不易核定：确定过高难以完成，影响经营者的收入，调动不了积极性；反之，则不合理。第三，由于国家统一的试点办法尚未出台，少数地区试点工作体制仍然

---

① 谌新民、黄瀚君：《诊断国企年薪制》，《中外管理导报》1998年第2期。

不顺，管理部门比较混乱①。对经营者工资收入管理尽管上级有明确规定，但由于政出多门，很多部门都在经营者收入管理上做文章，成了大家都在管的混乱局面。面对种种现象年薪制推行出现一些困难②。

第四节　推行岗位技能工资制

一　推行岗位技能工资制的背景

改革开放初期，工资分配面临的主要问题是平均主义严重，特别是多种多样的等级工资制，造成"技级不符"、"职级不符"、劳酬脱节。为解决这一问题，在 20 世纪 80 年代末 90 年代初，在传统等级工资制的基础上，劳动部开始在国营企业推行岗位技能工资制改革。

《中华人民共和国国民经济和社会发展十年规划和第八个五年计划纲要》明确，在企业逐步实行以岗位技能工资制为主要形式的内部分配制度，按照先行试点、先立后破的原则，劳动部发布岗位技能工资制试点相关文件。

以岗位技能工资制为主要形式的企业内部分配制度的改革试点工作，坚持以转换企业机制，增强企业活力为中心，重点是打破"大锅饭"和"铁饭碗"，认真贯彻按劳分配原则，从而达到调动职工劳动积极性、提高劳动生产率和经济效益、促进搞好国营大中型企业的目的。

---

① 高亚男：《以深化国有企业改革为核心　稳妥推进经营者年薪制试点——访劳动部综合计划与工资司司长祝晏君》，《中国劳动科学》1997 年第 11 期，第 8~10 页。
② 陈守海：《实施企业经营者年薪制的难点及对策》，《劳动理论及实践》1998 年第 9 期，第 8 页。

二 岗位技能工资制的主要内容

岗位技能工资是以按劳分配为原则，以劳动技能、劳动责任、劳动强度和劳动条件等基本劳动要素评价为基础，以岗位、技能工资为主要内容，按职工实际劳动贡献（劳动质量和数量）确定劳动报酬的企业基本工资制度。

岗位技能工资是一个系统工程，它包括劳动评价体系、基本工资单元和工资标准的确定、辅助工资单元的设置等方面，还涉及运行机制的建立以及加强宏观调控和配套改革措施。

（一）劳动评价体系

岗位技能工资制通过劳动评价体系对各类岗位、职位的劳动技能、劳动责任、劳动强度、劳动条件等基本劳动要素以职工的劳动实绩进行科学、全面的测试和评定，以正确区分各类岗位、职位和职工的劳动差别，以此作为确定劳动报酬的依据。

劳动评价体系是建立岗位技能工资制的前提条件，它由岗位劳动评价和职工劳效评价两部分组成。

岗位劳动评价是将各类岗位、职位劳动对职工的要求和影响综合归纳为劳动技能、劳动责任、劳动强度、劳动条件四项基本劳动要素，通过测试和评定不同岗位的基本劳动要素，科学评价不同岗位的规范劳动的差别，并以此作为确定工资标准的主要依据。岗位劳动评价体系由评价指标、评价标准、各项指标的权数比重和评价的基本方法等组成。在实际执行过程中，大多采取理论与实际相结合、科学测试与经验评估相结合、领导与群众相结合、专业人员与非专业人员相结合等方式，运用多种技术和切实可行的方法进行岗位劳动评价，为确定相应岗位、技能工资标准提供依据。

职工劳效评价是通过考试考核办法，对职工本人（包括工人和管理人员、专业技术人员）技术业务水平高低和实际付出劳动量（劳动质量和数量）大小进行科学、定量的评价，正确区分职工的劳动差别，并以此作为确定职工实得劳动报酬的依据。

（二）岗位技能工资制各基本工资单元的设置

岗位技能工资制主要由技能工资、岗位（职务）工资两个单元构成。

1. 技能工资

技能工资是根据不同岗位、职位、职务对劳动技能的要求同时兼顾职工所具备的劳动技能水平而确定的工资。技术工人的技能工资可分为初级技工、中级技工、高级技工三大类工资标准，并相应设置若干档次，非技术工人（普通工、熟练工等）的技能工资视其岗位对劳动技能的要求程度原则上参照初级技工的技能工资档次确定；管理人员和专业技术人员的技能工资可分为初级管理（专业技术）人员、中级管理（专业技术）人员、高级管理（专业技术）人员三大类工资标准，并相应设置若干档次。

2. 岗位（职务）工资

岗位（职务）工资是根据职工所在岗位或所任职务、所在职位的劳动责任轻重、劳动强度大小和劳动条件好坏并兼顾劳动技能要求高低确定的工资。工人的岗位工资可按照劳动评价中各岗位评价总分数的高低，兼顾现行工资关系，划分为几类岗位工资标准，并相应设置若干档次。不同行业、企业的岗位工资类别不同，岗位工资标准也应有所区别。管理人员和专业技术人员的职务工资按照所任职务、所在职位的劳动评价总分数的高低划分为三类并相应设置若干档次。从低到高依次为初级管理（专业技术）职务、中级管理（专业技术）职务、高级管理（专业技术）职务工资标准。因企业规模、类型不同，同样职务的管理（专业技术）人员的责任、负荷也不尽相同。

除基本工资单元外，企业根据需要可以设置符合自身特点的辅助工资单元。

三　推行岗位技能工资制的主要成效

岗位技能工资制对于打破"大锅饭"和"铁饭碗"，贯彻按劳分配原则，从而调动职工劳动积极性、提高劳动生产率和经济效益发挥了积极作用。岗位技能工资制建立在岗位测评（岗位测评是以劳动者在不同劳动岗位的劳动为评价内容，综合运用劳动管理、劳动生理、劳动卫生、环境监测、数理统计和计算机技术方面的知识和技术，通过对劳动者的劳动状况等因素的定量测定和评定，把劳动者在生产岗位上所付出的智力、体力及劳动环境的影响抽象化、定量化，来反映劳动者的劳动负荷量和不同岗位之间的劳动差别）的基础上，充分突出了工资中岗位与技能这两个结构单元的特点，更有利于贯彻按劳分配原则，调动企业职工提高业务能力的积极性。同时，岗位技能工资制体现了按岗位价值付酬和按能力付酬的思想，兼具岗位工资制和技能工资制的优点，即对岗不对人、岗变薪变。由于其各个工资单元分别对应体现劳动结构的不同形态和要素，因而较为全面地反映了按岗位、按技能、按劳分配的原则，对调动职工的积极性、促进企业生产经营的发展和经济效益的提高，在一定时期起到了积极的推动作用。相对于等级工资制而言，岗位技能工资制增加了岗位工资因素，为缓解企业"一线紧，二线松，三线肿"问题起到了积极作用。

另外，岗位技能工资制实际运行中也存在一些问题。第一，岗位技能工资制仍带有技能工资的痕迹，原等级工资制仍然在工资构成中起着重要作用，技能工资是由等级工资套改过来的。第二，岗位技能工资制不能直接反映劳动贡献的大小。岗位技能工资制对按劳分配原则的体现采取了非直接的方法，以劳动技能、劳动责任、劳动强度、劳动条件四个要素作为组合尺度来测评劳动者可能提供和必须提供的劳动，而不是测评其实际提供的劳动的数量和质量，这不仅增加了测评的难度，也会影响准确程度，造成实际分配中的不公平，从而最终也就不能体现劳动者的实际劳动贡献差别。第三，重复计量技能付酬因素。岗位评价的四项要素——劳动条件、劳动强度、劳动责任、劳动技能，在岗位评价时已经考虑了劳动技能要素，但由于实行岗位等级、技能等级分别确定、分开管理，因此，对技能要素重复计量，欠缺公平。此外，在实际执行过程中，岗位技能工资制刚性太强，缺乏激励。岗位工资、技能工资一经评定就固定不变，对员工不能形成有效激励，导致干好干坏一个样。

随着社会主义市场经济体制的逐步确立和国有企业改革的不断深入，岗位绩效工资制、岗位薪点工资制和按市场价位付酬等新的薪酬制度、分配形式在企业实践中不断出现和完善。

第五节　初步建立企业工资收入分配宏观调控政策体系

工资收入分配宏观调控政策体系，是指政府对微观企业工资分配进行宏观调控诸项政策工具的总称。国家对企业工资分配进行宏观调控，一是为了确保全社会工资增长与国民经济总体发展相适应，二是引导形成合理的工资收入分配关系，防止收入差距过大。计划经济时期，我国实行高度集中的工资管理体制，工资分配权力集中在国家，工资制度和标准由国家统一制定，工资调整、职工升级由国家统一制定政策、统一安排，企业则严格按国家规定的标准支付职工工资。随着我国经济体制从计划经济向有计划的商品经济、继而向社会主义市场经济体制转变，经济领域出现了一系列重大变化，客观上要求工资监管体制和宏观调控体系相应进行调整和改革。

一 建立企业工资分配宏观调控体系的历史背景

（一）社会主义市场经济体制目标确立，所有制结构发生重大变化

1992 年，邓小平"南方谈话"极大地促进了中国经济体制改革的进程。同年 10 月，党的十四大确立了建立社会主义市场经济体制的改革目标。1993 年 11 月，党的十四届三中全会通过《中共中央关于建立社会主义市场经济体制若干问题的决定》，明确了社会主义市场经济体制框架，明确提出转变政府管理经济的职能，建立以间接手段为主的完善的宏观调控体系；在分配制度上则建立以按劳分配为主体，效率优先、兼顾公平的收入分配制度，鼓励一部分地区一部分人先富起来，走共同富裕的道路；同时建立多层次的社会保障制度。

社会主义市场经济体制目标确立后，改革全面推进。与此同时，所有制结构发生重大变化。在农村和城镇经济体制改革过程中，乡镇企业、个体经济、合营经济等非公经济成分已经有所发展。十四大召开后，国家在坚持公有制为主体前提下，积极鼓励个体、私营和外资经济发展，我国的经济所有制结构从单一的公有制结构，逐步转变为以公有制为主体、多种经济成分并存的格局。1978～1990 年，国有经济（1993 年以前称全民所有制经济或国营经济）占工业总产值的比重从 77.6% 下降到 54.6%，城乡个体经济和其他经济类型比重则从 0 提高到 5.4% 和 4.4%；到 1995 年国有经济比重进一步下降到 33.9%，而城乡个体经济和其他经济类型比重则分别提高到 12.9% 和 16.6%[①]。1978～1995 年，全民所有制经济占社会商品零售总额的比重从 54.6% 下降到 29.8%，个体经济所占比重从 0.1% 上升到 36.3%。

---

① 根据《中国统计年鉴 1988》"各种经济类型工业企业单位数和总产值"计算。

（二）国有企业改革继续深化，开始探索建立现代企业制度

党的十四届三中全会指出，国有企业的发展方向是建立现代企业制度，基本特征是政企职责分开、产权关系明晰。1993年12月，我国第一部《公司法》出台，以法律形式规定了公司制企业法人享有法人财产权，并以其全部财产独立承担债务责任。1994年，国务院选择100户大中型国有企业进行现代企业制度试点，完善企业法人制度，办理国有产权登记，确定公司组织形式，健全法人治理结构。1992年，《股份制企业试点办法》等一系列文件出台，国有企业股份制改革迅速展开，不少国有企业采取公开上市或向职工定向发行股票方式进行股份制改造。90年代中后期，国家分别采取统一内资企业所得税、硬化企业预算约束、优化国有企业资本结构、推动优势国有企业兼并或托管困难企业、发展企业集团、"抓大放小"等一系列改革措施，推动国有企业改革、提振企业活力、增加企业效益。

（三）企业三项制度改革不断探索，工资分配制度日益多元化，工资分配差距有所扩大

在宏观经济领域改革不断深化的同时，企业微观层面的劳动、人事、工资三项制度改革也于20世纪80年代中期开始启动。在劳动用工制度方面，1986年，国务院颁布《国营企业实行劳动合同制暂行规定》等一系列文件，企业开始对新招用工人实行劳动合同制，逐步废止内部招工和"退休人员子女顶替"办法。1992年《全民所有制工业企业转换经营机制条例》颁布后，以破"三铁"（铁饭碗、铁工资、铁交椅）为核心的三项制度改革成为转换企业机制的重要内容。仅1992年，全国有6万多家国有企业开展了三项制度改革试点，涉及职工3000万人①。1994年，《中华人民共和国劳动法》颁布，确立

---

① 张文魁、袁东明：《中国经济改革30年（1978—2008）》（国有企业卷），重庆大学出版社，2008，第59页。

了劳动合同制度的法律地位。在分配制度方面，在国家对国有企业实行工资总额同经济效益挂钩的管理前提下，劳动部先后印发《关于进行岗位技能工资制试点工作的通知》和《关于进一步深化岗位技能工资制试点工作的意见》，在全民所有制企业推行岗位技能工资制，替代等级工资制作为基本工资制度。不同所有制企业甚至国有企业内部，都出现了等级工资制、浮动工资制、结构工资制、效益工资制、岗位技能工资制、岗位绩效工资制等多种工资分配形式并存的局面。工资与企业效益、职工劳动付出和贡献关联程度越来越强，行业间、企业间和企业内部不同群体之间在分配制度、分配形式和工资水平上的差异也逐渐拉大，出现了少数行业、企业凭借其在国民经济中独特的地位获取较高甚至过高收入的现象。据统计，国民经济 16 个大行业中，工资最高的与最低的倍数关系，1978 年为 1.52:1，1990 年为 1.84:1，1995 年达到 2.23:1；从细分行业看，最高与最低的倍数关系 1990 年为 2.67:1，1995 年达到 3.86:1[①]。企业工资分配制度多元化发展，行业、地区、企业间以及企业内部工资分配差距拉大，客观上要求加强对企业工资分配的宏观调控。

专栏 2-2　工资宏观调控相关制度出台背景

苏海南：1997 年 1 月 30 日，劳动部发布《关于试点地区工资指导线制度试行办法》。此文件是在国有企业普遍实行工资总额与经济效益挂钩，同时非公有制企业日渐发展增多，这些企业完全自主决定工资的背景下出台的，其主要内容是坚持"两低于"原则，在简析国家宏观经济形势和宏观政策，分析本地区上年度经济增长、企业工资增长和本年度经济增长预测以及与周边

---

① 劳动和社会保障部劳动工资司编写《企业工资分配政策问答及案例精选》，中国物资出版社，2003，第 58 页。

地区比较的基础上，研究提出本年度企业货币工资水平增长基准线、上线、下线，对不同类别的企业实行不同的调控办法。其目的是引导各类企业结合本企业经济效益状况及其发展变化，合理安排职工工资水平及其增长。该文件出台顺应了当时企业工资总额决定机制和调控机制调整变化的现实需要，符合建立社会主义市场经济和增强企业市场主体地位的改革方向，应予肯定。其不足是刚开始时与各地区企业工资水平调整变化实际情况结合不够紧密，信誉度不高，发挥引导作用的力度明显不足。

1999年10月25日，劳动和社会保障部发布《关于建立劳动力市场工资指导价位制度的通知》（劳社部发〔1999〕34号），其主要内容是要求劳动保障行政部门按照国家统一规范和制度要求，定期对各类企业中的不同职业（工种）的工资水平进行调查、分析、汇总、加工，形成各类职业（工种）的工资价位，向社会发布，用以指导企业合理确定各类岗位职工工资水平和工资关系，调节劳动力市场价格。

2000年11月6日，劳动和社会保障部发布《关于印发进一步深化企业内部分配制度改革指导意见的通知》（劳社部发〔2000〕21号），这个文件是为了引导企业科学合理地搞好内部分配而制定发布的，当时确实起到了较好的引导作用；但由于后续宣传力度不够，加之没有其他措施跟上，限制了其引导企业内部分配的作用继续发挥。

资料来源：根据本课题组专访本人资料整理

二 企业工资分配宏观调控政策体系的基本框架

为贯彻落实党的十四届三中全会精神，推动建立社会主义劳动力市场和现代企业制度，1993 年 12 月，劳动部研究制定公布《劳动部关于建立社会主义市场经济体制时期劳动体制改革总体设想》（以下简称《总体设想》），对劳动、就业、工资分配、社会保险、培训等相关工作领域的改革方向均有较为详细的论述。其中明确提出企业工资制度改革的目标是，建立"市场机制决定、企业自主分配、政府监督调控"的新模式：市场机制在工资决定中起基础性作用，通过劳动力供求双方的公平竞争形成均衡工资率；工资水平的增长依据劳动生产率增长、劳动力供求变化和职工生活费用价格指数等因素，通过行业或企业的集体协商谈判确定；企业作为独立的法人，享有完整意义上的分配自主权；政府主要运用法律、经济手段（必要时采用行政手段），控制工资总水平，调节收入分配关系，维护社会公平。《总体设想》还提出了"八五""九五"时期探索企业自主决定工资形式、改进和完善工效挂钩办法、深化企业内部分配制度改革、试行集体协商机制、改进和加强工资宏观调控体系等工作的具体任务安排。

1996 年，劳动部印发《劳动事业发展"九五"计划和 2010 年远景目标纲要》（劳部发〔1996〕177 号）（以下简称《目标纲要》），再次重申工资分配体制的改革目标，并就严格执行弹性工资计划，实行工资指导线；改进工效挂钩，进行集体协商试点；加强对垄断部门和特殊行业的工资收入管理；试行企业经营者年薪制；建立健全企业工资内外收入监督检查制度；加强对企业人工成本的指导和管理等做出更加具体的部署。2000 年 4 月的全国工资工作会议上，劳动和社会保障部时任部长张左己作重要讲话，将企业工资制度改革的目标调整为"市场机制调节、企业自主分配、职工民主参与、国家监控指导"的现代企业工资收入分配制度。

围绕经济体制改革的中心任务，按照《总体设想》《目标纲要》等一系列文件，我国企业工资宏观调控体系建设不断推进。到 21 世纪初期，基本形成了以分级管理、分类调控为特点的企业工资监管体制和以法律为基础、多种政策手段协调运行的宏观调控政策体系。

国家对不同企业实行不同的调控办法，其中：国有股份有限公司、有限责任公司以及非国有企业按照国家法律法规和政策规定，依法自主进行工资分配；2000年以前改制的国有企业或以国有企业为主新设立的公司，其初始工资水平报劳动保障部门核定（根据2002年11月国务院发布的《关于取消第一批行政审批项目的决定》，劳动和保障部负责的国有企业改制为股份有限公司的初始工资水平核定审批项目取消）；其他国有企业实行工资总额管理，其企业负责人薪酬由政府主管部门确定（2003年国有资产管理委员会成立后，拟定中央直属企业经营者收入分配政策、审核中央直属企业的工资总额和主要负责人的工资标准的职责划归国有资产管理委员会）；各类企业均严格按照国家有关规定按时足额支付工资；工会组织和职工代表大会健全的企业应当实行工资集体协商制度。自20世纪末开始，按照《总体设想》和《目标纲要》的部署，各地先后开展了企业自主决定工资的探索，企业根据工资指导线和劳动力市场工资指导价自主决定工资标准，根据经济效益和资产增值保值情况决定工资总额。随着国有企业改制面越来越大，由中央或地方政府核定工资总额及其负责人薪酬的企业数量不断减少。

虽然企业工资监管体制出现较大变化，但宏观调控政策体系保持相对稳定，主要包括工资指导线、劳动力市场工资指导价位制度、人工成本信息指导制度以及最低工资制度（另有专章论述）、工资支付保障制度（另有专章论述）等政策工具，协调作用，综合发挥宏观指导、信息服务、监督保障功能。

三　工资指导线制度的建立

工资指导线制度是由劳动保障行政部门根据经济增长、物价、就业等因素，制定当年企业工资增长目标并以一定形式向社会公布，指导企业工资分配，促进企业工资微观分配与国家宏观政策相协调，引导企业在生产发展、经济效益提高的基础上，合理确定工资分配。工资指导线一般包括工资指导线水平和对企业工资增长的有关要求和建议，指导线水平包括工资增长的基准线（适度水平）、上线（高限或最高调控线）和下线（工资增长的低限）。

按照《总体设想》的要求，1994年，劳动部在北京、深圳、成都3个城市进行了工资指导线制度改革试点。1997年，在总结试点经验的基础上，制定了《试点地区工资指导线制度试行办法》（以下简称《试行办法》），将试点范围扩大到江苏、江西、山东等省份。《试行办法》规定工资指导线应当适用于试点地区城镇的各类企业，遵循"坚持'两低于'"、"结合地区、行业、企业特点，实行分级管理、分类调控"和"以劳动行政部门为主，商政府有关部门、工会、企业协会等组织共同制定"等原则。《试行办法》规定了发布工资指导线的内容应当包括两大部分。一是对于宏观经济形势的分析判断，包括"国家宏观经济形势和宏观政策简析；本地区上一年度经济增长、企业工资增长分析；本年度经济增长预测以及与周边地区的比较分析"。二是工资指导线意见。工资指导线水平包括本年度企业货币工资水平增长基准线、上线、下线。工资指导线对不同类别的企业实行不同的调控办法。国有企业和国有控股企业"应严格执行政府颁布的工资指导线，企业在工资指导线所规定的下线和上线区间内，围绕基准线，根据企业经济效益合理安排工资分配，各企业工资增长均不得突破指导线规定的上线"，"对工资水平偏高、工资增长过快的国有垄断性行业和企业要从严控制其工资增长"。非国有企业（城镇集体企业、外商投资企业、私营企业等）"应依据工资指导线进行集体协商确定工资"。《试行办法》还将城镇居民消费价格增长率和社会劳动生产率增长率作为因变量，用线性回归方法初步建立职工货币平均工资增长数学模型，并根据宏观经济形势、人工成本水平、就业状况、上年职工工资水平等因素进行修正。

《试行办法》颁布后，全国各省份逐步建立了工资指导线制度（首次颁布工资指导线的时间见表2－1）①。

表2－1 各省份及部分省会城市首次颁布工资指导线的时间

时间	地区
1994 年（试点）	北京、深圳、成都
1997 年	江苏、江西、山东、广东、湖南、山西、吉林、福建
1998 年	云南、海南、陕西、河北、浙江、上海
1999 年	湖北、辽宁、天津、新疆、内蒙古
2000 年	安徽、黑龙江
2001 年	重庆、贵州、青海
2002 年	四川、广西、宁夏
2003 年	甘肃
2004 年	河南

20 世纪末期，工资指导线政策一度成为企业工资宏观调控体系中最重要的政策工具。1998 年，劳动部时任部长李伯勇在全国劳动工作会议上的工作报告中强调 "要完善分级调控和分类管理体制，研究探索新形势下工资收入宏观调控的措施，加快构筑以工资指导线为中心的新的宏观调控体系，以逐步取代弹性工资计划办法，最终确立以调节工资水平和调整工资关系为主要内容的工资宏观调控体系"。部分省份也将工资指导线作为审批国有企业工资总额的最主要依据。如湖南省劳动和社会保障厅《关于贯彻实施 1998 年工资指导意见过程中有关具体问题的处理意见》中明确："今年全省不再实行工效挂

---

① 刘学民主编《中国薪酬发展报告（2010 年）》，中国劳动社会保障出版社，2011，第 139 页。

钩办法，原工效挂钩企业的结余工资继续保留，原已下达工效挂钩基数的企业，年底不再搞工效挂钩结算，一律以按工资指导线审批确认的实发工资总额进成本。所有新建企业、改制企业，都必须到劳动部门申报确定初始工资基数，并实行工资指导线办法。[①]"

到 21 世纪初期，除西藏外，全国各省份都颁布了工资增长指导线试行办法，根据宏观经济指标和企业效益情况发布企业工资增长指导线，逐渐成为多数省份以及部分地级市的常规工作，各地在提高指导线的科学性、针对性、有效性等方面做了大量努力和改进。指导线制度内容也不断拓展和丰富，特别是对限制工资过高企业工资增长、推动一线职工工资增长、缩小企业内部工资分配差距等方面的规定持续细化。从实施情况看，大部分地区的指导线基本上与本地区职工工资增长率变动趋势保持一致，而且能够顺应宏观经济形势的变化进行调整。北京、上海、内蒙古、福建、天津等省份和福州、厦门等地级市还先后发布了行业工资指导线。个别地区还对行业工资指导线的发布形式进行新的探索。如北京市的行业工资指导线主要覆盖制造业、建筑业、建筑装饰、房地产开发经营、批发零售、物业管理等 10 多个行业，其中制造业又按照产品类型进行细分；指导线公布形式则用以销售收入为因变量的分段式线性函数替代简单的增长幅度空间。

四　劳动力市场工资指导价位制度的建立

劳动力市场工资指导价位制度[②]，是指政府有关部门按照统一的规范和制度要求，定期对各类职业（工种）工资水平，经过汇总、分析和修正，公布有代表性的职业（工种）的工资指导价位，指导企业

---

① 《湖南省劳动和社会保障厅关于实施 1998 年工资增长指导线意见过程中有关具体问题的处理意见》，载劳动部工资研究所编《工资动态》（内部资料），1998 年 10 月 25 日。

② 2008 年国务院机构改革成立人力资源和社会保障部，不再保留人事部、劳动和社会保障部。此后各地劳动力市场工资指导价位陆续更名为人力资源市场工资指导价位。

合理确定劳动者工资水平和各类人员的工资关系①。

在社会主义市场经济建立初期，企业自主分配的自我约束机制不健全、集体协商工作刚刚起步，加上1998～2000年实行国有企业改革攻坚和扭亏脱困三年计划；实行职工下岗分流、减员增效，大量下岗人员需要通过劳动力市场实现再就业，而我国劳动力市场发育不完善，刚刚起步，客观上需要由政府定期公布各类劳动力的市场指导价位，为劳动力供求双方商谈工资水平、企业合理确定工资水平和分配关系提供信息服务和指导。

按照《目标纲要》的要求，1997年，上海开始对企业中的部分职位工资进行调查，并在全国率先发布劳动力市场工资指导价位信息，对工资指导价位制度进行初步探索。其后，北京、成都等城市从1998年开始向全社会发布劳动力市场工资指导价位信息。1999年，劳动和社会保障部下发《关于建立劳动力市场工资指导价位制度的通知》，开始在全国35个大中城市实行劳动力市场工资指导价位制度。各地按照《中华人民共和国职业分类大典》和统一职业分类代码，对城市行政区域内的城镇企业按照等距抽样办法抽取调查企业，调查内容为上一年度企业有关职位（有条件地区还可调查普通劳动力的小时工资率）工资水平；对上述数据进行检查、分析并做必要调整后，制定公布每个职业（工种）工资指导价位，具体分为高位数、中位数和低位数；有国家规定职业资格的职业（工种）还应按技术等级进行划分。允许地方根据实际需要，制定发布分行业、分经济类型的工资指导价位。

其后，工资指导价位制度的试点城市范围不断扩大，2000年全国有70个、2001年有88个、2003年有124个城市发布了工资指导价

---

① 劳动和社会保障部劳动工资司编写《企业工资分配政策问答及案例精选》，中国物资出版社，2003，第65页。

位，多数省份大中城市都建立了劳动力市场工资指导价位发布制度。随着产业结构持续升级、新兴职业不断涌现，各地区发布的代表性职业（工种）数量也在不断增加。1997 年，上海市首次发布工资指导价位，仅涉及车工、电工、工具钳工等 55 个通用性较强的职位，1998 年增加到 257 个职位，到 2000 年时发布的职位数已经增加到 603 个。2010 年北京市发布工资指导价位的职业（工种）包括通用性职业（工种）539 个、酒店业专项职业（工种）309 个、家政服务业专项职业（工种）11 个、物业服务业专项职业（工种）95 个、设备及器械制造业专项职业（工种）304 个、信息和计算计服务业专项职业（工种）105 个、新毕业生职业（工种）113 个，合计达到 1476 个。其中，服务、生产人员价位又区分 6 个技能等级，每个等级均发布"低位数、中位数、高位数、平均数" 4 种形式①。

五 人工成本信息指导制度的建立

人工成本信息指导制度是指政府有关部门通过调查、收集、整理并分析预测企业人工成本变动趋势，定期公开发布，并对人工成本偏高企业进行预警预报，指导企业加强人工成本管理、合理确定人工成本水平。

社会主义市场经济体制目标确立后，进一步强化内部成本核算管理，成为建立现代企业制度的内在要求。1992 年《企业财务通则》和《企业会计准则》颁布，对工资福利相关会计科目进行较大调整，企业在执行过程中出现了一些具体问题。为了推动企业加强人工成本管理、增强市场竞争力，并与国际接轨，1993 年，劳动部发布《劳动部关于建立社会主义市场经济体制时期劳动体制改革总体设想》，

---

① 刘学民主编《中国薪酬发展报告（2010 年）》，中国劳动社会保障出版社，2011，第 274 页。

其中首次提出要"控制企业人工成本，提高企业竞争力"。1996年，《目标纲要》中则进一步突出强调"要使社会平均人工成本水平逐步成为决定企业工资收入水平的重要的约束条件之一。劳动行政部门要建立企业人工成本监测指标体系"；"定期向社会发布主要行业人工成本水平，指导各类企业（包括外商投资企业和私营企业在内）加强国内外同行业人工成本的比较，引导其合理确定工资水平"[1]。

在地方层面，早在1994年，已经有第一批省份率先探索对企业人工成本开展调查统计。北京市1994年对11个重点行业的300余家企业进行了调查，并于1996年颁布了《北京市企业人工成本预警预报管理办法（试行）》。其间，一些企业也自发开展了对人工成本的统计和调查分析工作。中国石化总公司对所属11家石化企业的人事费用率、劳动分配率、人工成本结构进行了内部分析比较；宝山钢铁（集团）公司对工时人工成本、每吨总人工成本等指标与发达国家钢铁企业进行了国际比较。

在总结地方和企业实践经验基础上，参考国际劳工组织有关指标概念，1994年，劳动部和国家统计局联合制定劳动统计指标解释，其中第一次正式提出"人工成本"概念。1995年，经国家统计局批准，劳动部设计的人工成本统计调查表纳入了劳动统计报表制度。1995年，劳动部在全国第一次开展企业人工成本抽样调查工作，涉及22567户企业，1099万职工[2]。1997年，劳动部颁布文件，对人工成本的定义、范围做出详细规定。其后，包括劳动和社会保障部在内的四部委联合开展了有关人工成本预测预警体系技术支撑系统的研究，对于企业人工成本统计分析方法和预测预警方法进行研究，并配套开发了调查分析软件，为制度推广做好了技术储备。自1999年开始，劳动和社会保障

---

① 马小丽：《构建企业人工成本宏观监测系统》，中国劳动社会保障出版社，2014，第4页。
② 马小丽：《构建企业人工成本宏观监测系统》，中国劳动社会保障出版社，2014，第4页。

部在全国主要中心城市开展了企业人工成本预测预警体系试点工作，到 2000 年时，全国有 58 个城市发布了企业人工成本信息。

2004 年，劳动和社会保障部发布《劳动和社会保障部关于建立行业人工成本信息指导制度的通知》（劳社部发〔2004〕30 号），提出到 2005 年，在 35 个大中城市建立行业人工成本信息指导制度，并力争在 3~5 年内，在全国各中心城市全面建立行业人工成本信息指导制度，形成国家、省（自治区、直辖市）、市多层次、广覆盖的人工成本信息网络。

2009 年，人力资源和社会保障部下发《关于开展完善企业在岗职工工资和人工成本调查探索企业薪酬调查方法试点的通知》（人社厅明电〔2009〕72 号），启动企业薪酬调查试点工作。

六　工资收入宏观调控政策体系的历史作用和发展展望

我国企业工资收入分配宏观调控政策体系是在社会主义市场经济体制建立初期，我国劳动力市场发育相对落后、工资分配法律法规尚不健全、集体协商机制刚刚开始探索、国有企业改革未完全到位、企业工资分配自我约束机制不健全等大背景下逐步建立健全起来。与计划经济时期以传统的、直接的行政手段进行工资管理相比，新的宏观调控体系主要以法律、信息、经济等非行政手段为企业微观分配提供政策引导和信息服务，间接影响劳动力市场双方行为，与社会主义市场经济体制下转变政府职能和建立现代企业制度的总体要求相一致。其中，工资指导线制度可以在文件内容中充分反映国家确立的分配原则和调控意图，表现为工资增长率区间，易于理解且具有一定的灵活性，更多的是发挥政策引导功能；而劳动力市场工资指导价位制度和企业人工成本信息指导制度则更偏重于信息服务和指导功能。企业工资收入分配宏观调控政策体系对于引导企业合理安排增资、建立健全企业工资分配自我约束机制、推动形成现代企业制度发挥了重要作用；对于企业探索通过集体协商机制确定工资也发挥了较好的参考、指导作用。

随着市场经济体制的发展完善，劳动力市场日趋发育成熟，企业工资收入分配制度改革进一步深化，对于企业工资收入分配宏观调控政策的科学性、精准度都提出了更高要求。《国民经济和社会发展第十二个五年规划纲要》明确提出，要"完善最低工资和工资指导线制度，逐步提高最低工资标准，建立企业薪酬调查和信息发布制度"。自2012年开始，人力资源和社会保障部每年在全国范围内组织开展企业薪酬试调查工作，调查不同行业企业不同职位劳动者的工资报酬和不同行业人工成本信息，涉及31个省（区、市）、150多个城市近7万名城镇就业人员。2015年，《中共中央国务院关于构建和谐劳动关系的意见》（中发〔2015〕10号）明确提出了"加快建立规范统一的企业薪酬调查和信息发布制度"的要求。2018年5月，人力资源和社会保障部会同财政部印发《关于建立企业薪酬调查和信息发布制度的通知》（人社部发〔2018〕29号）。2018年5月，国务院印发《关于改革国有企业工资决定机制的意见》，对国有企业工资决定机制、管理方式和监管体制机制进行改革完善，工资指导线制度作为落实上述意见、改革国有企业工资决定机制的重要环节，预计将很快出台相关配套的完善措施。

第六节　建立企业工资集体协商制度

所谓企业工资集体协商，是指通过雇主代表和工人代表直接谈判、签订合同，来确定劳动者的工资、劳动条件的法律程序（理兴，1996）。作为一种同现代市场经济相适应并且在现代市场经济条件下形成的工资决定制度以及调整劳动关系的重要法律制度，工资集体协商制度的建立表现为一种组织行为，需要相关法律制度的规范（孙慧敏，2001）。我国工资集体协商制度的建立始于 20 世纪 90 年代，是在我国社会主义市场经济体制改革和劳动用工制度政策不断完善的背景下建立的。

一 建立企业工资集体协商制度的历史背景

20 世纪 90 年代以来，随着我国国有企业改革的不断深化、对外开放深度和广度持续取得进展以及我国关于劳动保护的法律法规不断出台，企业工资集体协商制度也开始建立起来，成为保护劳动者合法权益、建立和谐劳动关系的重要保障和支撑。

（一）对外开放持续推进提出了开展工资集体协商的迫切要求

同我国内部经济体制改革相随而行的是我国对外开放的深度和广度也不断提升，作为对外开放广度和深度不断提升的重要内容，外资企业不断通过直接投资，建立合资企业、独资企业等形式在我国开展业务。因此，作为我国劳动力市场的重要组成部分，外资企业的雇佣关系、劳动工资也不断成为社会关注的重要议题。由于所有制结构的特殊性，外资企业的雇佣关系自从外资企业进入我国市场就表现出同我国传统国有企业劳动关系的不同，外资企业雇佣关系所体现的市场经济特性更加明显。所以，在外资企业雇佣关系中，做好工资集体协商具有天然的适宜性，尤其是随着我国对外开放持续取得进展，在外资企业中做好工资集体协商的迫切性不断提升。可以说，对外开放持续推进提出了开展工资集体协商的迫切要求。

（二）国有企业改革的不断深化提出了开展工资集体协商的现实需求

改革开放以来，我国以市场为导向的改革不断深入。随着 1992

年党的十四大明确提出建立社会主义市场经济体制，我国经济体制改革进一步走向深入发展阶段。作为我国经济体制改革的重要内容，我国国有企业改革也系统推进。1993 年，党的十四届三中全会提出建立现代企业制度的政策主张，明确了国有企业改革的方向是建立"产权明晰、权责明确、政企分开、管理科学"的现代企业制度。在现代企业制度不断建立的背景之下，我国国有企业原有的计划经济条件之下员工同国家两者之间的关系，不断转变为市场经济条件下员工、企业同国家三者的关系。在这一关系下，不仅企业获得了包括自由雇用员工的经营管理自主权，而且员工也获得了在劳动力市场上自由就业的权利；其中，国家由直接管理国有企业的主体转变为通过市场开展宏观调控的主体和提供制度供给的监管主体。显而易见，个体和企业成为社会主义市场经济条件下的微观主体，追求利润最大化和个人收入最大化分别成为企业和个人的基本目标。就劳动力市场而言，由于企业的雇佣行为而产生的对劳动力的需求，由于员工的就业行为而产生的对劳动力的供给，共同成为市场经济条件下劳动力价格也就是工资的影响因素。因此，就需要建立一套机制来维护作为劳动力需求方的企业的权益以及作为劳动力供给方的员工的权益，同国外成熟市场经济国家相似，我国建立了工资集体协商制度。可以说，国有企业改革的不断深化是开展工资集体协商的现实需要。

（三）员工保护相关劳动法律法规的不断完善为开展工资集体协商提供了基础条件

工资集体协商制度必须建立在完善的员工保护制度基础之上。进入 20 世纪 90 年代以后，围绕建立健全同社会主义市场经济体制相适应的劳动保护制度，我国出台了一系列劳动保障相关的法律法规和政策举措，包括《工会法》《劳动法》《集体合同规定》《工资集体协商试行办法》等。比如，1992 年 4 月 3 日第七届全国人民代表大会第五次会议通过的《中华人民共和国工会法》明确提出，工会在维护全国人民总体利益的同时，代表和维护职工的合法权益……工会通过平等协商和集体合同制度，协调劳动关系，维护企业职工劳动权益。再如，1994 年 7 月 4 日第八届全国人民代表大会常务委员会第八次会议通过的《中华人民共和国劳动法》明确提出，企业职工一方与企业可以就劳动报酬、工作时间、休息休假、劳动安全卫生、保险福利等事项，签订集体合同。不仅如此，1994 年 12 月 5 日，为了配合《劳动法》和《工会法》的实施，劳动部发布《集体合同规定》，对集体合同的签订、集体合同的审查、集体合同争议处理等内容提出了明确的规定，为各类企业做好集体合同的签订工作提供了直接的指导。一系列劳动法律法规制度的建立为推进各类企业做好工资集体协商奠定了基础，可以说员工保护制度的不断完善创造了开展工资集体协商的基础条件。

专栏 2 - 3　关于工资集体协商出台背景

苏海南：1993 年 7 月 9 日，劳动部、财政部、国家计划委员会、国家经济体制改革委员会、国家经济贸易委员会发布《关于发布〈国有企业工资总额同经济效益挂钩规定〉的通知》（劳部发〔1993〕161 号），对不同行业、不同类型的国有企业实行了不同的工资总额与经济效益挂钩办法；当时这些管理办法是适应经济体制和国有企业改革进程的，打破了原来按计划发放死工资总额的旧做法，有利于调动企业和职工提高本单位经济效益的积极性。但这些做法仍然带有半计划经济半市场经济的色彩，实行中"挂上不挂下"等情况也时有发生。

在完全市场经济条件下，各企业工资总量和水平是由企业与职工双方通过集体协商决定的。2000 年前后，我国所有制结构发生了很大变化，非公经济已占有较大比例，非公企业数量大大超过国有企业，因此，需要参照市场经济的通行做法，实行工资集体协商。于是，2000年11月8日，劳动和社会保障部发布《工资集体协商试行办法》。此办法符合市场经济条件下企业与职工双方实行工资集体协商的需要，也符合市场经济国家通行的做法，为建立适应市场经济的工资决定机制提供了法规依据，也规范了非公有制企业的工资集体协商行为，促进扩大了这一机制的实行范围；但由于其时劳动力市场上资强劳弱，我国又缺乏协商并严格按协议办事的氛围和传统，因此，此办法实际执行的效果有待提升。

资料来源：根据本课题组专访本人资料整理

二　企业工资集体协商制度的主要内容

在《劳动法》《工会法》《集体合同规定》等一系列法律法规制度的指导下，我国企业开展了一系列关于工资集体协商的实践探索。为了更好地规范外商投资企业的工资集体协商工作，1997年，劳动部办公厅发布《关于印发〈外商投资企业工资集体协商的几点意见〉的通知》，对外资企业更好地开展工资集体协商提供了明确的指导。为了更好地规范工资集体协商和签订工资集体协议行为，2000年11月8日，劳动和社会保障部进一步发布《工资集体协商试行办法》，对工资集体协商内容、工资集体协商代表、工资集体协商程序、工资集体协议审查等内容进行了详细的阐释。两个文件的发布形成了我国工资集体协商制度的主要内容。

一是关于工资集体协商的基本内容。从企业实践层面和我国制度层面来看，我国企业工资集体协商制度主要包括八方面的内容，分别是工资协议的期限，工资分配制度、工资标准和工资分配形式，职工年度平均工资水平及其调整幅度，奖金、津贴、补贴等分配办法，工资支付办法，工资协议的变更和解除程序，工资协议的终止条件，工资协议的违约责任等。作为工资集体协商制度内容的关键，开展工资集体协商必须明确和确定合理的工资水平，并使工资水平反映以下几方面的基本情形，包括地区、行业、企业的人工成本水平，地区、行业的职工平均工资水平，当地政府发布的工资指导线和劳动力市场工资指导价位，当地城镇居民消费价格指数，企业劳动生产率和经济效益，国有资产保值增值，上年度工资总额和职工平均工资水平等。

二是关于工资集体协商代表。工资集体协商是企业代表同职工代表围绕员工工资等内容进行协商，双方必须推选出各自的代表。我国规定，工资集体协商代表应依照法定程序产生。职工一方由工会代表。未建工会的企业由职工民主推举代表，并得到半数以上职工的同意。企业代表由法定代表人和法定代表人指定的其他人员担任。协商双方各确定一名首席代表。职工首席代表应当由工会主席担任，工会主席可以书面委托其他人员作为自己的代理人；未成立工会的，由职工集体协商代表推举。企业首席代表应当由法定代表人担任，法定代表人可以书面委托其他管理人员作为自己的代理人。协商代表应遵守双方确定的协商规则，任何一方不得采取过激、威胁、收买、欺骗等行为。

三是关于工资集体协商程序。在我国的工资集体协商制度下，无论是职工方还是企业方，均可以提出进行工资集体协商的要求。双方协商形成的工资协议草案应提交职工代表大会或职工大会讨论审议。协商双方达成一致之后，工资协议由双方首席代表签字盖章后成立，之后成为双方必须遵循的约束工资福利、劳动条件等内容的规范。

四是企业工资集体协商制度还对工资协议提出审查的要求。在我国工资集体协商制度下，劳动保障行政部门负责对企业和职工双方签订的工资协议进行审查。工资集体协商双方签订工资协议之后，只有经过相关劳动保障行政部门的审查，方能正式生效。对于生效之后的工资协议，工资集体协商双方需要以适当的形式向本方全体人员公布，并且还应当以一年为频次（一般情况下），做好新旧工资协议的衔接工作。

三　企业工资集体协商制度的主要成效

工资集体协商制度的推行适应了我国改革开放进程的不断推进，以及社会主义市场经济体制的不断建立、健全和完善的形势。经过国家政策层面的不断完善以及企业实践层面的不断探索，同社会主义市场经济体制相适应并且能够发挥劳动关系自我调节功能的工资集体协商机制逐步建立，较好地保障了劳动关系双方的合法权益。

（一）促进了劳动关系自我调节机制的逐步建立

在《劳动合同法》《工会法》《集体合同规定》《外商投资企业工资集体协商的几点意见》《工资集体协商试行办法》等一系列法律法规的指导下，我国企业开展了一系列工资集体协商实践，我国企业工资集体协商制度和实践从无到有，不断成熟。随着工资集体协商制度在部分国有企业、民营企业和外资企业的推行，工资集体协商制度发挥着调节企业内部劳动关系的功能，企业、职工双方通过协商，确定工资分配制度、工资标准、工资分配形式，工资支付以及奖金、津贴、补贴等的分配办法，从而实现了企业内部劳动关系的自我调节，形成了企业内部劳动关系的自我调节机制。

（二）较好地保障了劳动关系双方的合法权益

20世纪90年代，我国整体的劳动力市场处于供过于求的状态。在劳动力市场供过于求的状况之下，基于市场机制确定员工的工资，员工工资必然面临下降的态势。在此背景之下，工资集体协商制度的引入提高了员工的组织性，增强了员工在工资确定过程中的协商能力，较好地保护了员工的合法权益。

从企业角度来看，通过集体协商制度、机制的建立，能够形成较为稳定的企业和员工之间的关系，为相关企业经济效益提升创造了条件。

（三）有助于劳动关系的和谐稳定

获取合理的劳动报酬、享受正常的休息休假、获取劳动安全卫生保护、获得社会保险和职业技能培训、签订劳动合同和集体合同、参与公司民主管理等是企业工资集体协商制度的重要内容，所以，企业工资集体协商制度的建立和运营，对于保护职工相关权益具有重要的意义和价值。鉴于上述员工权益也是和谐劳动关系的重要内容，所以，随着企业工资集体协商制度的推行以及企业工资集体协商机制在企业中的运行，企业内部劳动关系双方更加和谐稳定。

尽管企业工资集体协商制度的推行收到了良好的效果，但是，由于我国社会主义市场经济体制依然处于不断完善之中，而企业工资集体协商制度也处于不断探索的过程中，企业工资集体协商存在形式化的问题。一般情况下，工资集体协商受到劳动力市场状况变化的影响较大，员工缺乏"自信"；同时，双方对工资集体协商的认知依然存在偏差，这些均对企业工资集体协商制度在我国的有效推行提出了新的挑战。

第七节　机关与事业单位工资制度的分离

一　改革背景

1992年党的十四大明确提出经济体制改革的目标是建立社会主

义市场经济体制。进行机关、事业单位的工资制度改革是改革开放和建立社会主义市场经济体制的要求，也是深化人事制度改革、机构改革和推行国家公务员制度的需要。1993年，党的十四届三中全会通过的《中共中央关于建立社会主义市场经济体制若干问题的决定》指出：个人收入分配要坚持以按劳分配为主体、多种分配方式并存的制度，体现效率优先、兼顾公平的原则。劳动者的个人劳动报酬要引入竞争机制，打破平均主义，多劳多得，合理拉开差距。这是机关、事业单位工资制度改革所遵循的基本方向。

同时，机关、事业单位工资制度自身也出现了一些问题，主要有三方面。一是工资管理体制存在过分集中、事业单位特色体现不足的问题。二是工资制度自身存在一些缺陷。1985年确立的职务工资制度过于强调职务因素，忽略了能力、资历等因素，只有提升职务才能增加工资，诱发了机构升格和高职位不当扩张的问题。三是制度运行中产生的问题。1985年工资制度改革后的6年里基本工资标准只进行过一次微调和一次普调，由于没有建立工资正常增长机制，各种津贴、补贴逐年增多，基本工资所占比重下降，工资的激励作用越来越弱化，平均主义严重，机关、事业单位与企业的工资收入差距越来越大。各方面要求改革工资制度、增加工资的呼声越来越高。

在这种情况下，结合机构改革和国家公务员制度的推行，国务院决定从1993年10月1日起进行第三次机关和事业单位工资制度改革。机关单位工作人员实行职级工资制，事业单位分五类人员实行不同的工资制。

专栏2-4　1993年机关、事业单位工资改革背景

1993年机关、事业单位工资制度改革的背景是1993年出台了《国家公务员暂行条例》。《国家公务员暂行条例》是对公务

员工资制度有设计、有要求的。因此，行政机关要根据《国家公务员暂行条例》进行工资改革。1993 年的改革是在 1985 年改革基础之上，把机关和事业单位工资制度进行了划分。事业单位在性质方面确实与国家机关有差别，国家机关是国家运转管理的部门，工作人员是公务员；而事业单位主要是一些卫生、教育、科研、体育等涉及社会发展的给社会提供不同服务的部门。因此，把机关和事业单位分开进行研究和建立不同的制度确实有客观要求，也很有必要。因此，1993 年的改革是对机关建立了职务职级工资制度，对事业单位根据不同类型建立了五类工资制度。这样一来，机关和事业单位在制度上就脱钩了。但是由于机关、事业单位还有共同属性，它们都由财政拨款，因此二者虽然在制度上有区别，但在工资增长时是统筹考虑的。

1985 年对工资制度改革时，就认为级别制度是一个落后的制度，是平均主义的制度，是不利于调动积极性的制度。因此 1993 年改革时把级别丢掉，建立职务工资制，实际上是以职务为主的结构工资制，其他的津贴、补贴很少。按道理说这次改革的方向是按劳分配，挺好的，但是由于大家习惯于过去的制度，改了以后，有人接受不了。原来大家的工资都是一样的，现在按职务来定工资，拉开差距了，很多年轻的局长跟老局长是一个工资水平，所以也有让人觉得不合理的地方；再加上当时并没有在职务不变的情况下进行工资档次调整，所以大家都觉得这个制度不好，叫"千军万马挤独木桥"，争抢高职务级别，因为职务级别不高，工资提高不了。所以大家都觉得 1993 年改革效果不好，认为 1956 年的制度好，还是希望按级别分配收入，不要争高的职务，只要踏踏实实工作，按年头工作就行了，工资待遇自然就有了。我们对此反复研究，认为职务丢掉也不行，就把职务工资保留下来，职级工资也放进来，既体现职务差异，又体现级别差异，一个新的制度就搞出来了。对此，理论上大家都感觉挺好的，能接受。但是从实际上来说，它还是一个以职务为中心的制度。为什么这么说呢？因为职务是决定工资的主要因素，职务又是决定职级的主要因素。

资料来源：根据本课题组访谈资料整理

二 机关工作人员职务级别工资制度的主要内容

此次机关工资制度改革的目的是建立符合自身特点的职务级别工资制度（简称职级工资制），以利于进一步调动机关工作人员的积极性，提高工作效率，更好地为改革开放和经济建设服务。改革的原则，一是贯彻按劳分配原则，克服平均主义，建立符合机关特点的工资制度。二是机关工作人员的工资应根据国民经济的发展有计划地增长，并在此基础上建立正常增加制度。三是机关与企业、事业单位实行不同的工资制度。机关工作人员的平均工资水平要与企业相当人员的平均工资水平大体持平，保持合理的比例关系。四是机关工作人员的工资，应根据企业相当人员工资水平的增长情况和城镇居民生活费用的增长幅度定期进行适当的调整，保障工作人员的实际生活水平不因物价上涨而降低。五是改革地区工资类别工资制度和津贴制度，发挥工资的导向和激励作用，鼓励人们到边疆、艰苦地区和艰苦岗位工作。

改革后，机关工资主要包括：基本工资（职务工资、级别工资、基础工资、工龄工资）；年终一次性奖金；地区性津贴补贴（艰苦边远地区津贴、地区附加津贴）；特殊岗位性津贴补贴；福利性津贴补贴等。其中，基本工资占工资总额的 40% ~ 70%，津贴、补贴占

25%～55%，奖金占5%。

（一）基本工资

1. 职务工资

职务工资主要体现工作人员的职务高低、责任轻重和工作难易程度，每一职务层次设若干工资档次（3～8档），工作人员按担任的职务确定相应的职务工资，并随职务及任职年限的变化而变动，职务工资约占基本工资的40%。

2. 级别工资

级别工资为新设工资单元，主要体现工作人员的资历和能力。级别共分为15级，一个级别设置一个工资标准，级别按照所任职务及所任职务的责任大小、工作难易程度以及工作人员的德才表现、工作实绩和工作经历确定。级别工资约占基本工资的35%。

3. 基础工资

基础工资按大体维持工作人员本人基本生活费用确定，数额为每人每月90元。各职务人员均执行相同的基础工资，约占基本工资的20%。

4. 工龄工资

工龄工资按工作人员的工作年限确定，工作年限每增加一年，工龄工资增加1元，一直到离退休当年止。工龄工资约占基本工资的5%。

（二）年终一次性奖金

在严格考核的基础上，对年度考核为称职以上的人员，年终发放一次性奖金。奖金按本人当年12月份的基本工资发放。

（三）地区性津贴补贴

用地区性津贴补贴制度取代已经实施了30多年的11类工资区制度。根据不同地区的自然环境、经济发展水平和物价等因素，确定不同的地区性津贴补贴标准。

地区性津贴补贴包括艰苦边远地区津贴和地区附加津贴。其中，艰苦边远地区津贴根据不同地区的地域、海拔高度、气候以及当地物价等因素确定；地区附加津贴根据各地区经济发展水平和生活费用支出等因素，同时考虑机关工作人员工资水平与企业职工工资水平的差距确定。

（四）特殊岗位性津贴补贴

特殊岗位性津贴补贴主要包括国家规定的18项特殊岗位性津贴补贴：人民法院办案人员岗位津贴、人民检察院办案人员岗位津贴、监察纪检部门办案人员外出办案津贴、人民武装部工作人员津贴、国家信访局信访岗位津贴、审计人员工作补贴、税务征收津贴、农业税征收津贴、司法助理员岗位、海关工作人员津贴和海关缉私船员出海津贴、人民警察警衔津贴、人民警察执勤岗位津贴、法医毒物化验人员保健津贴、密码工作人员津贴、保健医护人员补贴、稽查特派员及助理稽查工作补贴、高级翻译特殊岗位津贴、专利审查人员津贴等。

（五）福利性津贴补贴

对当时种类繁多的津贴进行整顿，合理的项目除按国家规定纳入职级工资标准外，其余部分保留。福利性津贴补贴包括冲销64元以后的保留津贴补贴、独生子女费、婴幼儿补贴、奶费、少数民族补贴、无食堂补贴、国家机关工作人员职务补贴、住房公积金、交通补贴等。

（六）工资增长机制

工资的正常增长途径有三种：一是年度考核增资。工作人员连续两年考核为优秀或称职的，可在本职务工资标准内晋升一个工资档次；在原级任职期间连续五年考核为称职或连续三年考核为优秀的，在本职务对应级别内晋升一个级别。二是增加工龄工资。工作人员的工龄工资逐年增加。三是普调增资。根据国民经济发展，根据企业相当人员工资水平的增长和城镇居民生活费用的增长幅度，定期调整工资标准。

（七）工资管理体制

公务员基本工资制度是全国统一的，允许省、自治区、直辖市运用地方财力安排一些工资性支出。特区工资制度改革，由特区人民政府提出具体方案，由所在省人民政府报国务院审批。

三 事业单位实行不同类型的工资制度

事业单位所跨行业多、情况比较复杂，工作性质和特点也与机关不同，以往比照国家机关制定的事业单位工资制度没有体现事业单位自身的特点，不能适应国民经济发展和经济体制改革的需要，亟须改革。根据党中央关于事业单位要逐步建立符合自身特点的工资制度的要求，此次改革按照情况相似又便于管理的原则，对事业单位实行不同类型的工资制度。

此次事业单位工资制度改革的原则，一是在科学分类的基础上，依据按劳分配原则，建立体现事业单位不同类型、不同行业特点的工资制度，与机关的工资制度脱钩；二是引入竞争、激励机制，加大工资中活的部分，使工作人员的报酬与其实际贡献紧密结合起来；三是建立正常增加工资的机制，使工作人员的工资水平随着国民经济的发展有计划地增长，并与企业相当人员的工资水平大体持平；四是在国家宏观调控的前提下，对不同类型的事业单位实行分类管理，使工资管理体制逐步适应事业单位发展的需要；五是发挥工资的导向作用，对到艰苦边远地区及在苦、脏、累、险岗位工作的人员，在工资政策上给予倾斜。同时，通过建立地区津贴制度，理顺地区工资关系。

（一）实行分类管理

根据事业单位特点和经费来源的不同，对全额拨款、差额拨款、自收自支三种不同类型的事业单位，实行不同的管理办法。

（1）全额拨款单位，执行国家统一的工资制度和工资标准。在工资构成中，固定部分占70%，活的部分占30%。这些单位在核定编制的基础上，可实行工资总额包干，增人不增工资总额，减人不减工资总额，结余的工资单位可自主安排使用。

（2）差额拨款单位，按照国家制定的工资制度和工资标准执行。在工资构成中，固定部分占60%，活的部分占40%。各单位根据经费情况，按照国家有关规定，实行工资总额包干或其他符合自身特点的管理办法，逐步减少国家财政拨款，向经费自收自支过渡。

（3）自收自支单位，有条件的可实行企业化管理或企业工资制度，做到自主经营、自负盈亏。

（二）专业技术人员、管理人员和工人的工资制度

根据事业单位工作特点的不同，其专业技术人员分别实行五种不同类型的工资制度，包括专业技术职务等级工资制、专业技术职务岗位工资制、艺术结构工资制、体育津贴奖金制、行员等级工资制。工资分为固定部分和活的部分，活的部分称为津贴。

事业单位的管理人员实行职员职务等级工资制。工资构成上，主要分为职员职务工资和岗位目标管理津贴两部分。

事业单位的工人，分为技术工人和普通工人两大类。技术工人实行技术等级工资制，在工资构成上主要分为技术等级工资和岗位津贴两部分；普通工人实行等级工资制，在工资构成上主要分为等级工资和作业津贴两部分。

（三）奖励制度

根据事业单位的实际情况，对做出突出贡献和取得成绩的人员，分别给予不同的奖励：一是对有突出贡献的专家、学者和技术人员，继续实行政府特殊津贴。二是对做出重大贡献的专业技术人员，给予不同程度的一次性重奖。凡其成果用于生产活动带来重大经济效益的，奖励金额从所获利润中提取。其他人员，如从事教学、基础研究、尖端技术和高技术研究的人员等，奖励金额从国家专项基金中提取。三是结合年度考核，对合格以上的工作人员，年终发给一次性奖金。

（四）建立正常增资机制

事业单位正常增加工资，主要通过以下四种途径。

1. 正常升级

全额拨款和差额拨款的单位，在严格考核的基础上，实行正常升级。凡连续两年考核合格的，一般可晋升一个工资档次。考核不合格的，不得晋升。对少数考核优秀并做出突出贡献的专业技术人员，可提前晋升或越级晋升。

自收自支单位，可在国家政策规定的范围内，根据其经济效益增长情况，自主安排升级。

2. 晋升职务（技术等级）增加工资

专业技术人员和管理人员晋升职务时，按晋升的职务相应增加工资。工人晋升技术等级或技术职务时，按晋升后的技术等级或技术职务相应增加工资。

3. 定期调整工资标准

为保证事业单位工作人员的实际工资水平不下降并逐步增长，根据经济发展情况、企业相当人员工资水平状况和城镇居民生活费用的增长幅度情况，定期调整事业单位工作人员的工资标准。

4. 提高津贴水平

随着工资标准的调整，相应提高津贴水平，使工资构成保持合理的关系。

四　后续的若干次工资标准调整

1993 年工资制度在具体运行过程中，两年正常晋档、五年晋级已按要求实施，但调整工资标准并没有正常化，有时候一年调几次，有时候几年不调。1997 年 7 月、1999 年 7 月、2001 年 1 月、2001 年 10 月、2003 年 7 月进行过调整。

第一次，1997 年 7 月将基础工资标准由每人每月 90 元提高到 110 元。

第二次，1999 年 7 月将基础工资标准提高到 180 元，级别工资标准提高到 85～720 元。

第三次，2001 年 1 月将基础工资标准提高到 230 元；级别工资标准提高到 115～1166 元。

第四次，2001 年 10 月将职务工资标准提高到 100～850 元。

第五次，2003 年 7 月将职务工资标准提高到 130～1150 元。

国家机关、事业单位工资制度虽有不同，但工资水平、调整机制大体一致。

五　主要成效

1993 年工资制度总体运行比较平稳，取得了积极成效，主要表现在如下方面。一是在工资构成中重新增设了级别工资，改变了以前工资主要依赖于职务的格局；二是工资结构中活的部分比重增加；三是出台了艰苦边远地区津贴；四是通过此次改革，在机关和事业单位中建立了不同的工资制度，一些不合理的工资关系得到调整和改善，脑体劳动收入倒挂等不合理现象得到一定程度的缓解；五是工作人员的工资随着国民经济的发展有计划地增长，随着生活费用价格指数的变动而调整，并在此基础上制定了正常的增资制度。

　　另外，工资制度运行中又逐渐暴露出一些矛盾和问题。一是公务员基本工资结构切块过多、功能重叠，原来设计的功能不能协调发挥作用；二是地区附加津贴没有实施，各地各单位自行建立了名目繁多的津贴补贴，工资外收入分配秩序比较混乱，地区间和部门间工资差距拉大；三是各种津贴补贴大幅增多，基本工资在工资收入中的比重不断下降；四是津贴补贴大多按职务发放，在一定程度上削弱了级别工资应有的作用。

第三章
建立按劳分配与按要素贡献分配相结合制度的改革深化阶段（2003～2012年）

第一节 坚持按劳分配与按要素贡献分配相结合

一 历史背景

（一）要素市场有所发展

党的十四大召开后，我国市场体系建设全面展开，劳动力、资本、房地产、信息等市场不断发育，商品和服务贸易、资本流动规模显著扩大，开放型经济迅速发展。这些生产要素共同参与社会财富和新增价值的创造，其所有者都希望能够通过市场评价获得相应的收入回报。

（二）所有制结构进一步调整

我国公有制经济进一步壮大，实现形式也日趋多样化，股份制、股份合作制、合作制、承包经营制企业数量迅速增加。同时，个体、私营等非公有制经济发展较快。2004年，在我国全社会固定资产投资总额中，国有经济所占比例下降为35.5%，个体经济、股份制经济、外商投资经济和港澳台经济成分所占比例分别为14%、25.1%、5.5%和4.4%[1]。

---

[1] 根据《中国统计年鉴2005》表6-4"各地区按经济类型分全社会固定资产投资（2004年）"计算。

（三）非劳收入快速增长

在分配领域，除了按劳分配这种主要方式和个体劳动所得外，私营业主的经营性收入、企业债券利息收入、股份制企业的分红收入、企业经营者风险性收入补偿以及居民家庭储蓄存款的利息收入等多种非劳收入客观存在，且数量越来越大。1992 年到 2002 年，我国财产性收入总额从 4608.46 亿元增长到 12324.7 亿元，增长了 1.7 倍，其中：利息收入从 4601.79 亿元增长到 10666.1 亿元，增长了 1.3 倍，占财产性总收入的比重从 99.86% 下降到 86.54%；其他财产性收入从 3.66 亿元增长到 41.8 亿元，增长了 10.4 倍，占比从 0.08% 提高到 0.34%；而红利收入则从 3.01 亿元增长到 1616.8 亿元，增长了 536.1 倍，占财产性收入的比重从 0.07% 大幅提高到 13.12%。

（四）地方和企业开展了年薪制和员工持股试点

国有企业改革步伐不断加快，要完成政企分离、转换经营机制、企业改制、压缩淘汰过剩产能、减员增效、扭亏脱困、建立现代企业制度等一系列改革攻坚任务，企业经营班子的改革魄力和经营管理能力以及职工队伍的积极性、创造性成为决定企业改革成败的关键因素。在邓小平同志"南方谈话"和党的十四大召开后，部分地方先行先试，开始对国有企业经营者实行年薪制和期权激励试点，进一步激发国有企业经营者及职工队伍的积极性。1992 年，上海市国有企业在进行公司制改造时，就有少数企业开始自发实行经营者年薪制；1995 年，为了规范企业经营者年薪制试点，上海市劳动局颁布了《企业经营者实行年薪制的试行意见》，批准 22 户市属国有企业进行试点。此外，各个部门及各个控股公司内部对下属子公司也较普遍地实行了多种形式的经营者年薪制试点。1999 年，上海市经营者年薪最高的达到 99 万元[①]。

---

① 劳动和社会保障部劳动工资研究所：《建立与现代企业制度相适应的工资收入分配制度任重道远——浙江、上海两地工资收入分配制度改革调研报告》，2000 年 6 月。

浙江省政府在 1998 年 9 月出台了《企业经营者年薪制试行办法》，对企业经营者及班子成员实施年薪制；同时省政府出台《浙江省国有企业内部职工持股试行办法》和《浙江省鼓励技术要素参与收益分配若干规定》，在国有控股、参股等股份有限公司和有限责任公司内部实行职工持股，但不包括金融、电力、邮电、烟草等垄断性行业企业以及煤气、自来水、公交等公共设施领域企业。

二　理论的产生与发展

伴随着社会主义市场经济体系的不断发展完善，我国经济体制结构不断调整变化，国有企业改革改制不断深化，党和国家对收入分配原则特别是要素参与分配的认知和观点也在不断发展。

（一）允许和鼓励生产要素参与分配

1987 年，党的十三大报告明确提出"社会主义初级阶段的分配方式不可能是单一的。我们必须坚持的原则是，以按劳分配为主体，其他分配方式为补充。……以上这些收入，只要是合法的，就应当允许"。可见，十三大报告已经承认了劳动以外的其他生产要素参与分配的现实及其合法性。1993 年，党的十四届三中全会通过《中共中央关于建立社会主义市场经济体制若干问题的决定》，指出："个人收入分配要坚持以按劳分配为主体、多种分配方式并存的制度"；"国家依法保护法人和居民的一切合法收入和财产，鼓励城乡居民储蓄和投资，允许属于个人的资本等生产要素参与收益分配。"

1997 年党的十五大报告指出："坚持按劳分配为主体、多种分配方式并存的制度。把按劳分配和按生产要素分配结合起来"；"允许和鼓励资本、技术等生产要素参与收益分配"，继续肯定按劳分配的主体地位，并且明确肯定了资本、技术等生产要素参与收益分配的必要性和合法性。1999 年，党的十五届四中全会重点研究国有企业改革问题，在《中共中央关于国有企业改革和发展若干重大问题的决定》中，除重申十五大报告精神外，更明确提出"建立和健全国有企业经营管理者的激励和约束机制。……少数企业实行经理（厂长）年薪制、持有股权等分配方式，可以继续探索，及时总结经验"，进一步肯定了微观领域对管理要素参与分配的具体实现形式——经营者年薪制和持有股权的做法。2001年制定公布的《国民经济和社会发展第十个五年计划纲要》则进一步明确了资本、技术等生产要素参与收益分配的具体方式："要提高国有企业高层管理人员、技术人员的工资报酬，充分体现他们的劳动价值，可以试行年薪制。对于国有上市公司负责人和技术骨干还可以试行期权制。"

（二）确立按劳分配为主体，按劳分配与按生产要素贡献分配相结合的制度

2002年底，党的十六大报告对生产要素按贡献参与分配的认识进一步深化，提出深化分配制度改革，健全社会保障体系，理顺分配关系。"确立劳动、资本、技术和管理等生产要素按贡献参与分配的原则，完善按劳动分配主体、多种分配方式并存的制度"。"坚持效益优先，兼顾公平"。"初次分配注重效率，发挥市场的作用，鼓励一部分人通过诚实劳动、合法经营先富起来。再分配注重公平，加强政府对收入分配的调节职能，调节差距过大的收入"。党的十六大报告对社会主义初级阶段分配原则做了重新概况，可以说是社会主义的基本原则和市场经济的基本要求在分配上的体现，是我国基本分配制度改革的重大突破，标志着我国分配领域更深层次改革的开始。

2003年，党的十六届三中全会通过《中共中央关于完善社会主义市场经济体制若干问题的决定》，要求推进收入分配制度改革，完善按劳分配为主体、多种分配方式并存的分配制度，坚持效率优先、兼顾公平，各种要素按贡献参与分配；并且首次提出"以共同富裕为目标，扩大中等收入者比重，提高低收入者收入水平，调节过高收入，取缔非法收入。加强对垄断行业收入分配的监管"。同年《政府工作报告》则提出"完善国家科技评价体系和奖励制度，制定技术和管理参与分配的政策，奖励有突出贡献的科技人员和经营管理人员"的具体要求。

2006年，党的十六届六中全会通过《中共中央关于构建社会主义和谐社会若干重大问题的决定》，重申了要"扩大中等收入者比重"的目标，同时强调"完善劳动、资本、技术、管理等生产要素按贡献参与分配制度"，并对完善收入分配制度、规范收入分配秩序提出了一系列比较具体的任务要求。党的十七大报告对十六大报告提出的收入分配原则和改革目标有了进一步发展，指出：深化收入分配制度改革，要"健全劳动、资本、技术、管理等生产要素按贡献参与分配的制度"；进一步明确了2020年全面建成小康社会目标，其中包括"收入分配格局基本形成，中等收入者占多数，绝对贫困现象基本消除"；并且首次提出了"逐步提高居民收入在国民收入分配中的比重，提高劳动报酬在初次分配中的比重"。此外，相对于十四届三中全会以来明确的"效率优先、兼顾公平"以及十六大报告提出的"初次分配注重效率，再分配注重公平"，十七大报告对于公平与效率问题的表述发生了较大变化，强调"初次分配和再分配都要处理好效率和公平的关系，再分配更加注重公平"。

专栏3-1　关于收入分配效率与公平

苏海南：这一阶段中央明确要求确立劳动、资本、技术和管理等生产要素按贡献参与分配的原则，完善按劳分配为主体、多种分配方式并存的分配制度。在国家文件中首次明确了"市场机制决定、企业自主分配、职工民主参与、政府监控指导"的改革目标；大多数企业经营者实行了年薪制，部分企业试行了股权激励办法；绝大多数企业建立了以岗位工资为主的基本工资制度，建立科技人员收入分配激励机制，开展了企业内部职工持股、技术要素入股等试点；继续扩大工资指导线、劳动力工资指导价位和人工成本信息指导制度实施范围，全面建立最低工资制度。2006年对公务员实行了职务与级别相结合的工资制度；事业单位全部实行了岗位绩效工资制。国务院国有资产监督管理委员会（以下简称国务院国资委）陆续出台了中央企业工资总额管理办法、中央企业负责人薪酬管理办法等。2009年研究出台了《关于进一步规范中央企业负责人薪酬管理的指导意见》等；2010年全国人大、全国政协、国务院各部委、各民主党派纷纷深入研究收入分配问题，继续推进收入分配制度全面深化改革。①

资料来源：根据本课题组专访本人资料整理

三　理论内涵和现实意义

从"允许""鼓励"到"确立""完善""健全"，党和国家关于劳动、资本、技术、管理等生产要素参与分配原则的认识和实践不断创新、丰富。按照传统的劳动价值理论，劳动以外的资本、技术、管理等要素不参与创造价值，劳动是创造价值的唯一源泉。而按劳分配与按生产要素分配相结合，其理论内涵是，生产要素是指投入社会经济活动的各种要素，主要包括劳动力、经营管理、生产技术、劳动工具、生物资源、矿产资源、资本、土地、信息，等等②。这些生产要

---

① 全国人大、全国政协、国家发改委等组织了大量关于收入分配问题的调查研究。
② 尹蔚民主编《民生为本　人才优先——人力资源社会保障事业十年发展（2002－2012）》，人民出版社、中国劳动社会保障出版社，2012，第421页。

素都是社会经济活动的必备条件，都参与了社会财富和新增价值的创造过程。在市场经济条件下，生产要素的拥有者有权按照其投入到社会经济活动中的要素数量及其在社会财富创造中所发挥的作用获得相应的回报，如劳动力的拥有者获得劳动报酬，资本拥有者获得利息、分红或者股权、期权交易溢价，生产技术和经营管理从劳动中独立出来，通过与其他要素有机结合，促进全社会的产出效率提高。

按照生产方式决定分配方式的原理，我国发展社会主义市场经济，实行公有制经济为主体、多种经济成分共同发展的基本经济制度，并且对公有制的具体实现形式不断做出探索，就必然要实行按劳分配与按生产要素贡献分配相结合的制度。历史证明，在社会主义市场经济体制下，实行各类生产要素按贡献参与分配原则对于我国社会经济持续协调发展发挥了重要的积极作用。

首先，以按劳分配为主、各类生产要素按贡献参与分配的收入分配制度与我国的基本经济制度相适应，分配与生产能够形成良性互动关系，从而巩固公有制经济为主体、多种经济成分并存的基本经济制度，并促进了经济发展。

其次，这一分配原则和分配制度调动了劳动者、资本所有者、技术人员、经营管理人员等各类人员以及一切积极因素，"努力形成全体人民各尽所能、各得其所而又和谐相处的局面"，加快经济发展。

再次，要素按贡献参与分配的前提是界定产权和完善市场机制，客观上，推动了产权制度改革，促进了劳动力、资本、信息、自然资源等相关要素市场体系的发展。

最后，这一分配原则在实践中得以贯彻执行和发展，开启了通过合法途径和手段获得更多收入的闸门，拓展了城乡居民收入来源，促进了城乡居民增收和生活水平提高，有利于最终实现共同富裕。从2000年到2013年，我国城镇居民人均总收入从6295.9元增加到

29547.1 元，增长了 3.7 倍，其中：工薪收入从 4480.5 元增长到 18929.8 元，增长了 3.2 倍，占人均总收入的比重从 71.2% 下降到 64.1%；经营净收入从 246.2 元增长到 2797.1 元，增长了 10.4 倍，占人均总收入的比重从 3.9% 提高到 9.5%；财产性收入从 128.4 元增长到 809.9 元，增长了 5.3 倍，占人均总收入的比重从 2.0%，提高到 2.7%。经营净收入和财产性收入成为推动居民收入增长的重要动力源泉[1]。

四　实践与理论发展

随着按劳分配与按生产要素分配相结合原则的理论探讨不断深化，实践层面的探索创新也迅速推开。根据上海荣正投资咨询公司对 2003 年上市公司高管年薪调查结果显示，民营、外资上市公司总经理持股市值平均值已经达到 57.7 万元和 49.7 万元；集体和国有控股上市公司人均水平也分别达到 28.8 万元和 23.9 万元[2]。其中，国有控股上市公司主要采用虚拟股票对企业管理层进行奖励，而民营、外资上市公司则多采用奖励绩效股份、高管层收购流通股等方式对高管层进行中长期激励。为规范资本市场运行，维护广大投资者以及上市公司股东和普通职工合法权益，国家相继出台了一系列法规和规则，包括 2006 年 1 月 1 日起正式实施的《中华人民共和国公司法》《中华人民共和国证券法》，证监会也发布了《上市公司治理准则》《上市公司股权激励管理办法》等适用于各类上市公司的通用规则。自 2003 年起，国务院国资委制定《中央企业负责人薪酬管理暂行办法》《中央企业综合绩效评价管理暂行办法》等系列文件，规范中央企业

---

[1]　根据《中国统计年鉴 2014》表 6-5 "城镇居民家庭人均收入与支出" 相关数据计算。

[2]　劳动和社会保障部劳动工资研究所编《我国企业薪酬热点问题剖析》，中国劳动社会保障出版社，2007，第 139 页。

负责人的薪酬结构，将其薪酬与所承担的责任、风险以及企业考核结果紧密挂钩。《关于规范国有企业改制工作的意见》《企业国有产权向管理层转让暂行规定》《国有控股上市公司（境内）实施股权激励试行办法》等政策文件，对于国有企业改制、职工持股和国有上市公司股权激励做出了较为详尽的规定，推动和规范国有企业贯彻落实要素按贡献参与分配原则。此外，国家先后出台《关于国有高新技术企业开展股权激励试点工作指导意见的通知》和《关于支持做强北京中关村科技园区若干政策措施的会议纪要》（国阅〔2005〕84号）等，鼓励科研、设计等高新技术企业积极探索对科技骨干进行股权激励。2000年，"联想""北大方正"等8家高技术企业成为首批试点对象。自2006年起，国务院国资委组织部分国有高新技术企业和企业转制科研院所开展股权激励试点。

相对于商品市场而言，我国包括劳动力、土地、矿产、自然资源、资本、技术和信息等在内的要素市场发育相对滞后，市场自动调节要素流动与配置的机制尚未建立健全，资源有偿使用制度和生态补偿制度尚未正常运行，要素按贡献参与分配机制尚未真正形成。特别是资本市场结构不合理，传统金融产品结构单一，金融衍生工具发展相对滞后，股票市场监管不到位，国家对上市公司的股权分红没有刚性规定，城镇居民房产出租出售收益制度不规范，都限制了居民财产的投资渠道，影响了居民财产性收入的增长。

党的十八大对于生产要素按贡献参与分配的原则有进一步发展。2012年，十八大报告首先将"知识"独立出来，提出"完善劳动、资本、技术、管理等要素按贡献参与分配的初次分配机制"；"健全资本、知识、技术、管理等要素市场决定的报酬机制。扩展投资和租赁服务等途径，优化上市公司投资者回报机制，保护投资者尤其是中小投资者合法权益，多渠道增加居民财产性收入"。2016年，十二届全国人大四次会议通过的"十三五规划纲要"则进一步将技能要素独立出来，明确"实行以增加知识价值为导向的分配制度，加强对创新人才的股权、期权、分红激励。保障人才以知识、技能、管理等创新要素参与利益分配，以市场价值回报人才价值"；"健全高技能人才薪酬体系，提高技术工人待遇"。按照党和国家的要求，针对科研人员科技成果转化和提高技能人才待遇的一系列制度抓紧制定落实。

第二节　建立健全工资支付保障制度

一　历史背景

（一）拖欠农民工工资问题引起党和政府高度重视

2003年10月，国务院时任总理温家宝到地处三峡库区腹地的云阳县考察工作，帮助农妇熊德明讨回被拖欠的农民工工资，以此为起点，揭开了各级政府治理拖欠农民工工资问题、维护农民工合法权益的序幕。在2004年召开的第十届全国人民代表大会第二次会议上，温家宝总理慎重提出"切实保障农民工工资按时足额支付。当前要抓紧解决克扣和拖欠农民工工资问题。国务院决定，用三年时间基本解决建设领域拖欠工程款和农民工工资问题"。此后，国家劳动行政部门会同有关部门及地方各级政府按照国务院的要求，出台了一系列工资支付保障制度，下大力气整治拖欠劳动者特别是农民工工资问题。

（二）劳动者维权意识增强，劳动关系不和谐因素增多

进入21世纪以来，劳动者维权意识大为提高，劳动争议案件一直在增加，特别是2008年《劳动合同法》实施以来，增加呈井喷态势。2001年全国当期案件受理数为154621件，此后逐年增加，到2007年增加到350182件，是2001年的2.26倍；2008年达到693456件，是2007年的1.98倍。而在所受理的劳动争议案件中，由劳动者

提出的申诉案件超过90%。这一方面说明劳动者维权意识有所提升和加强；另一方面说明我国企业劳动关系趋于复杂，矛盾趋于凸显，不和谐因素趋于增多。

（三）工资支付保障制度不能满足现实劳动关系管理要求，工资争议成为劳动争议焦点

从2001年到2011年，在我国每年受理的劳动争议案件数中，工资争议案件数分别占29.21%、32.12%、33.91%、32.68%、32.88%、32.76%、31.11%、32.45%、36.14%、34.94%、34.04%，也就是说工资争议始终是劳动争议的焦点。这一方面说明工资问题受到劳动关系双方的普遍关注，是我国劳动关系中最为复杂的因素，也是劳动关系领域矛盾最为集中的领域；另一方面也说明当前我国工资支付保障制度还存在很多的漏洞和问题，制度建设远远满足不了现实劳动关系管理的要求，尚待健全和完善。

（四）用人单位劳动关系管理尚待规范，政府宏观监控有待加强

从2001年至2011年，在我国历年所处理的劳动争议案件中，劳动者胜诉率分别占48%、47%、49%、49%、47%、47%、46%、44%、37%、36%、33%，而同期用人单位胜诉率分别占21%、15%、15%、14%、13%、13%、14%、13%、14%、13%、13%，其余为双方部分胜诉率。劳动者胜诉率为同期用人单位胜诉率的2倍以上。这一方面说明劳动关系领域的纷争倾向于保护作为弱势群体的劳动者，带有一定的倾向性；另一方面也说明用人单位劳动关系管理尚不够规范，漏洞较多，宏观监控机制还不是很到位。

（五）工资支付宏观监控和清欠成效明显但任重而道远

2003年以来，我国劳动监察部门及有关部门通过主动监察、投诉监察、举报监察、审查用人单位报送的书面材料等方式，责令用人单位支付拖欠劳动者的工资，为劳动者追缴工资等待遇所涉及的人数和金额一度有所减少。比如，2004 年全国为劳动者追缴工资等待遇所涉及的人数为 870.6 万人，此后逐年下降，到 2010 年下降到 502.1 万人；2004 年全国劳动监察部门为劳动者追缴工资等待遇所涉及的金额为 62.1 亿元，2006 年下降到 57.5 亿元。但近几年来这两组数据又呈现缓慢上升趋势，2010 年全国为劳动者追缴工资等待遇所涉及的人数和金额分别为 502.1 万人和 99.5 亿元，2012 年分别上升到 622.5 万人和 200.8 亿元。这一方面说明劳动监察力度加大，宏观监控效果明显，清欠工作一度取得明显成效；另一方面也说明现实生活中拖欠工资的情况仍然大量存在，宏观监控和清欠任务仍十分艰巨。

二 工资支付保障制度建设状况

（一）建立工资保证金制度

2004 年颁布实施的《建设领域农民工工资支付管理暂行办法》第十五规定："企业应按有关规定缴纳工资保障金，存入当地政府指定的专户，用于垫付拖欠的农民工工资。"《国务院关于解决农民工问题的若干意见》（国发〔2006〕5 号）对此又做了明确要求。《关于贯彻落实〈国务院关于解决农民工问题的若干意见的实施意见〉》（劳社部发〔2006〕15 号）再一次强调："建立健全企业工资保证金制度，会同有关部门制定工资保证金管理办法，提出开展工作的指导意见，在重点监控的建筑施工企业和曾发生过拖欠工资的企业建立工资保证金。"此后，全国各省份普遍建立并推行了工资保证金制度，截至 2012 年底全国已建立工资保证金制度的有河南、广西、四川、山东、湖南、辽宁等 29 个省份，其余暂时尚未建立工资保证金制度的省份也在酝酿当中。

（二）建立欠薪保障金制度

截至 2012 年，国内仅有深圳和上海建立了欠薪保障金制度。深圳建立欠薪保障金制度始于 1997 年，以 1996 年 10 月 29 日深圳市第二届人民代表大会常务委员会第十一次会议通过的《深圳经济特区企业欠薪保障条例》为标志，该条例于 2008 年 4 月 1 日经深圳市第四届人民代表大会常务委员会第十八次会议修订。上海建立欠薪保障金制度始于 2000 年，以《上海市小企业欠薪基金试行办法》（沪府发〔1999〕43 号）和《关于市小企业欠薪保障金收缴的实施意见》（沪府发〔2000〕38 号）的发布为标志。2007 年 10 月 1 日，《上海市企业欠薪保障金筹集和垫付的若干规定》公布实施，取代了此前的试行办法和实施意见。2009 年 9 月 25 日，上海市人民政府令第 19 号公布了《上海市人民政府关于修改〈上海市企业欠薪保障金筹集和垫付的若干规定〉的决定》，对若干规定进一步做了修订。两个城市的欠薪保障金制度本质上相似，只是在适用范围、缴费标准等方面略有差异。

（三）建立应急周转金

2004 年 11 月，浙江省政府办公厅发文要求各地建立农民工工资应急周转金，主要用于政府垫付被欠薪职工特别是农民工的临时性生活费或路费，将以劳动保障部门执法或法院拍卖企业资产等方式向欠薪企业追回。规定地级市政府必须储备 50 万元以上（含），县（市、区）政府储备 30 万元以上（含）的专项资金，用于垫付企业员工被拖欠的工资。2008 年，浙江省各市、县（市、区）的欠薪应急周转金额度均提高至 100 万元以上，经济发达、企业集中、劳动用工较多的乡镇（街道）建立欠薪应急周转金不少于 30 万元标准。2011 年 5 月，浙江省决定再次提高欠薪应急周转金额度，各市、县（市、区）政府欠薪应急周转金不少于 200 万元；经济发达、企业集中、劳动用工较多的乡镇（街道）不少于 50 万元。后来，应急周转金还在我国的贵阳等其他地区及城市得以建立。

（四）建立工资支付制度

当前我国国家层面的工资支付规范主要体现在 1995 年 1 月 1 日起施行的《工资支付暂行规定》《建设领域农民工工资支付管理暂行办法》以及散见于《劳动法》《劳动合同法》等一系列法律法规规章中。地方层面，全国 31 个省份已有 17 个制定了工资支付办法，8 个制定了农民工工资支付管理暂行办法。

（五）建立工资支付监控制度

《国务院关于解决农民工问题的若干意见》提出"建立工资支付监控制度和工资保证金制度，从根本上解决拖欠、克扣农民工工资问题。劳动保障部门要重点监控农民工集中的用人单位工资发放情况"。《关于贯彻落实〈国务院关于解决农民工问题的若干意见的实施意见〉》再一次强调："完善工资支付监控制度，结合各地实际情况，在全面监控的基础上，将建筑、加工制造、餐饮服务以及其他行业中曾有拖欠工资行为的企业作为重点监控对象，要求其定期向劳动保障部门报送工资支付情况。进一步完善监控手段，在有条件的地区探索建立企业工资支付信息网络。"当时，工资支付监控制度在全国各地普遍建立，一些地方根据国务院和有关部委的要求，结合本地实际，创造性地开展工资支付监控工作，如浙江、云南、山东等的一些地区实行了农民工记工考勤卡制度，河北、广西、湖南等的一些地区实行了工资支付信息公示制度，成都、兰州、东莞等地实行了劳务用工工资专用账户管理制，广东、四川等地实行了属地政府问责制，黑龙江、福建、河南等众多地区普遍实行了劳动保障监察两网化管理制，等等，效果都十分明显。

（六）建立工资支付信用制度

劳动和保障部办公厅《关于推行企业劳动保障诚信制度的指导意见》（劳社厅发〔2003〕21 号）提出在全国推行企业劳动保障诚信制

度的一系列指导意见，要求各地研究制定切实可行的企业劳动保障诚信等级评价办法，将执行工资支付和最低工资标准等劳动保障法律法规的情况纳入劳动保障诚信评价体系，开展企业劳动保障诚信等级评定工作。《建设领域农民工工资支付管理暂行办法》重点对建设领域建立工资支付信用制度提出了要求。截至2013年4月，全国31个省份（不含港澳台）已有20个出台了劳动保障诚信评价制度。

（七）健全完善工资支付监督检查机制

自2003年以来，全国各省份普遍建立健全拖欠农民工工资举报制度，设立举报箱，开通举报电话，并设专人负责接待来访举报。劳动保障部门除进行日常巡视检查、举报专查以及劳动保障年检工作外，每年年底都要联合住建、公安、国资、工商、工会等部门对加工制造、建筑施工、餐饮服务及其他中小型劳动密集型企业、个体工商户等重点行业、重点企业、重点区域集中开展一次清理拖欠农民工工资的专项清理行动。2003年至2012年，共检查1448.76万家单位，涉及劳动者86870.38万人；投诉、举报结案317.19万件；审查用人单位报送的书面材料涉及用人单位共1428.77万户；要求用人单位与10152.6名劳动者补签劳动合同；要求用人单位为5983.37万名劳动者追发工资等待遇共计836.58亿元。

（八）健全完善欠薪法律救济机制

自2003年以来，我国政府在建立健全工资支付法律救济机制方面做了大量工作，取得了明显成效。一是推动《劳动保障监察条例》《劳动合同法》《劳动合同法实施条例》《劳动合同法》（修正案）等一系列劳动法律法规颁布实施，可以说这一时期是我国劳动保障领域出台法律法规最集中的时期，建立健全了欠薪的行政司法救济机制。二是配合和推动最高人民法院就审理劳动争议案件适用法律连续出台四个司法解释，这是自2001年以来，最高人民法院针对调整和规范同一社会关系的案件，出台件数最多的司法解释，建立健全了工资支付司法救济机制。三是健全完善仲裁救济机制。2008 年 5 月 1 日实施的《劳动争议调解仲裁法》对劳动争议仲裁时效、仲裁期限、仲裁效力、先予执行、举证责任、仲裁费用免除等内容做了全面改进、完善和规范，建立健全了我国劳动争议仲裁救济机制。

（九）健全完善欠薪责任追究机制

2008 年 1 月 1 日实施的《劳动合同法》既规定了欠薪者应承担的行政责任，由劳动行政部门责令限期支付；又规定了欠薪者应承担的民事责任。该法明确规定用人单位在劳动行政部门责令限期支付劳动者被拖欠的工资期限内未支付的，除支付劳动者被拖欠的工资外，劳动行政部门还将责令用人单位按应付金额 50% 以上 100% 以下的标准向劳动者加付赔偿金。这是我国从法律层面首次明确具体地界定欠薪者应负的行政和民事责任。

针对欠薪多发的建设领域，由劳动社会保障部和建设部于 2004 年联合下发的《建设领域农民工工资支付管理暂行办法》明确界定了业主或工程总承包企业对建设工程承包企业欠薪所承担的连带清偿责任，为有效治理建设领域欠薪问题提供了依据和保障。

在欠薪责任追究机制构建方面，当时引起社会广泛关注的是推动《中华人民共和国刑法修正案（八）》及相关配套法律出台，提出并清晰界定"拒不支付劳动报酬罪"，进一步建立健全了欠薪刑事责任追究机制。截至 2012 年底，全国检察机关共向公安机关移送涉嫌拒不支付劳动报酬犯罪案件 1311 件，其中已定罪案件 153 件。

专栏 3-2 关于工资支付问题

苏海南：由于建设领域长期存在拖欠农民工工资问题，侵害了农民工的合法权益，有些还引发了群体性事件，成为影响社会稳定的问题。国家出台了一系列文件，一般都涉及如下内容：一是规范企业工资支付行为，包括明确支付各主体责任、规范劳动用工管理、由银行代发工资等；二是健全工资支付监控和保障制度，包括完善企业工资支付监控机制、完善工资保证金制度、建立健全农民工工资（劳务费）专用账户管理制度、落实清偿欠薪责任等；三是推进企业工资支付诚信体系建设，包括完善企业守法诚信管理制度、建立健全企业失信联合惩戒机制等；四是改进建设领域工程款支付管理和用工方式，包括推行工程款支付担保制度、规范工程款支付和结算行为、改革建设领域用工方式、实行施工现场维权信息公示制度等；同时加强对欠薪案件的处理力度。

资料来源：根据本课题组专访本人资料整理

三　历史意义及局限性

整体上讲，我国当时工资支付保障制度比较系统、全面，力图从各个方面、各个领域对工资支付进行有效监控和管理，也希望从制度、机制层面建立工资支付宏观监控的长效机制，对于治理实际工作中存在的工资拖欠问题、遏制欠薪形势进一步恶化起到了良好的作用，同时也在一定程度上帮助处理了一部分用人单位拖欠劳动者工资的应急问题，缓解工资拖欠给社会和谐稳定带来的冲击。同时，工资支付保障制度建设也存在一些问题，突出表现在如下几方面。

一是文件性明显。当时工资支付保障制度主要是政府文件，法律法规规范所占比例小，所发挥的作用不大。而政府文件与国家法律法规比起来，权威性、稳定性、威慑力是无法等同的，因此，其实施效力和效果也是很有限的。

二是应急性明显。比如浙江省自2004年创建应急周转金制度以来，在短短的七年间，根据欠薪形势对应急周转金储备的要求先后调整应急周转金储备额度，地市级政府应急周转金储备额度从最初的50万元，调整到2008年的100万元，2011年又调整到200万元。这些工资支付保障措施，均是基于解决当前一个时期工资拖欠问题的需要所采取的应急性措施，应急性、阶段性特征明显。

三是行业性明显。当时的工资支付保障制度主要规范内容大都是从整治建设领域农民工工资拖欠问题着眼，起始于2003年1月5日颁布的《国务院办公厅关于做好农民进城务工就业管理和服务工作的通知》（国办发〔2003〕1号），该通知提出劳动保障部门要加强对用人单位工资支付情况的监督检查，建立农民工工资支付监控制度。这是后来在各省份普遍推行工资支付监控制度的最初依据。2003年9月30日，劳动和社会保障部、建设部联合下发《关于切实解决建筑业企业拖欠农民工工资问题的通知》（劳社部发〔2003〕27号），要求建立健全工资支付监控制度、农民工工资拖欠报告制度、工资支付信用制度、拖欠农民工工资举报制度和农民工工资拖欠专项检查制度。可以说国办发〔2003〕1号文件为建立健全工资支付保障制度开了先河，而劳社部发〔2003〕27号文件则为工资支付保障制度的构建提出了思路和初步框架，后来的很多工资支付宏观监控措施都是贯彻落实上述两个文件的结果。另外，作为工资支付保障制度组成的唯一的一个专门性部门规章《建设领域农民工工资支付管理暂行办法》也主要与建筑领域相关，因此，当时我国工资支付保障制度建筑业色彩比较浓厚，是建筑领域愈演愈烈的工资拖欠问题催生了这一制度，同时也基于解决建筑领域工资拖欠问题的需要而使这一制度逐步健全完善。

四是地区性明显。工资支付保障制度很大一部分保障措施仅在一些地区实施，地方性色彩十分浓厚。

五是一部分规范亟待提升法律位阶。当时我国工资支付保障制度中很多规范法律位阶过低，严重影响其法律地位和法律效力的提升，也严重影响我国工资支付保障制度的整体运行效果。比如，工资保证金制度属于地方性规章，而向用人单位收取工资保证金，牵涉行政许可，地方性规章无权设立这种许可。欠薪保障金制度，也牵涉向用人单位收取欠薪保障金，同样牵涉行政许可，深圳的欠薪保障金制度属于地方性法规，在国家尚未制定法律、行政法规的情况下，有权设立这种许可；上海的欠薪保障金制度属于地方性规章，无权设立此类许可，因此，不提升法律位阶，其合法性受到质疑。

六是工资支付保障规范亟待健全。工资支付制度尚待健全完善的内容十分广泛，突出表现在工资支付领域的一些基本概念和一些基本规范没有建立健全起来，给工资支付管理实践带来了处理上的难度和混乱。由于欠薪行政司法救济尚不健全，劳动保障行政部门在处理欠薪事件时手段单一、效率低下，从而导致一部分欠薪案件长期得不到有效处理。仲裁救济尚待完善的地方是如何通过仲裁程序的健全和完善解决仲裁过程中用人单位通过转移、隐匿财产造成仲裁裁决无法执行到位的问题。欠薪责任追究机制尚待健全突出表现在民事和行政责任的追究上，要提高欠薪者的民事和行政成本，全面消除其通过欠薪达到某种目的的侥幸心理，以提高法律的威慑力，提升整治欠薪的效率和效益。

专栏3-3 关于欠薪问题

苏海南：建筑领域农民工工资拖欠问题已成为改革开放以来工资拖欠的顽症，出现问题年头最长，所研究采取的措施最

多，取得了一定的效果，但仍不可掉以轻心。其表面是工资分配问题，实质上是一个涉及建筑施工生产方式、分配方式的系统性问题，单一就工资论工资是解决不了问题的。据了解，就连澳大利亚等西方国家的建筑行业也存在拖欠工资问题，其原因与我国大同小异。因此，关键仍要在建筑工程发包、承办、转包特别是建筑工程款是否齐备等建筑施工链条上采取措施，从源头上杜绝拖欠农民工工资问题。因此，大力整顿、规范建筑施工市场及建筑施工企业和建筑施工链条等还需要制定更多更细的政策。

资料来源：根据本课题组专访本人资料整理

第三节　健全完善最低工资标准调整机制

一　历史背景

（一）劳动力市场变化是健全最低工资标准调整机制的市场背景

2003～2012 年，在我国就业总量矛盾依然很大的背景下，招工难这一结构性矛盾更加突出。随着我国社会主义市场经济体制的建立和逐步完善，市场在工资决定中发挥了基础性的作用。普通工人短缺，文化素质较高的新生代劳动力数量和比重不断增加，而新生代劳动者的诉求更加多元化，要求最低工资标准调整机制适应这一变化。同时，劳动力市场中非全日制灵活就业人员增多，其基本劳动报酬权益也需维护，要求最低工资标准调整机制不仅适用于全日制就业人员，也应适用于非全日制灵活就业人员。

2003～2012 年，特别是 2007 年以后，我国居民消费价格指数增长较快，2006～2011 年全国居民消费价格指数分别上涨 1.5%、

4.8%、5.9%、-0.7%、3.3%、5.4%[①]，同时房价及房租等上涨幅度较大，城市生活成本明显提高。而最低工资标准首要目的是保障劳动者的基本生活，随着普通劳动者生活成本上升较快，客观上要求健全最低工资标准调整机制。

（二）　过去较长时间普通劳动者工资收入较低、增长较慢是健全最低工资标准调整机制的历史原因

在我国经济多年快速增长的背景下，劳动报酬增长整体赶不上劳动生产率的增长，导致劳动报酬占 GDP 的比重不断下降。这说明长期以来劳动者工资水平整体较低，增长较慢。从最低工资标准调整节奏来看，1994 年至 2004 年 3 月，全国 31 个省份（不含港澳台）累计调整最低工资标准 117 次，10 年左右时间内，每个省份平均调整 3.8 次左右，年均调整仅 0.38 次。从最低工资标准调整幅度来看，2010 年各省会城市最低工资标准在 2004 年的基础上年均增加 68.7 元，年均增幅 11.5%，而最低工资标准 1995 年到 2004 年年均仅增加 26.5 元，年均增幅仅为 8.7%[②]，这说明 2003～2012 年最低工资标准调整机制的完善，促使最低工资标准较快增长，是与前期工资收入长期较低和增长较慢相关的，最低工资标准的增长带有补偿性、恢复性特征。

（三）　发展理念的引导是健全最低工资标准调整机制的宏观原因

2003 年，中央提出"坚持以人为本，树立全面、协调、可持续的发展观，促进经济社会和人的全面发展"，按照"统筹城乡发展、统筹区域发展、统筹经济社会发展、统筹人与自然和谐发展、统筹国内发展和对外开放"的要求推进各项事业的改革和发展。科学发展观

---

① 作者根据公开数据计算。
② 作者根据公开数据计算。

成为治国理政的方法论。科学发展观要求坚持以人为本，要求积极构建社会主义和谐社会，要通过发展增加社会物质财富、不断改善人民生活，又要通过发展保障社会公平正义、不断促进社会和谐。这一发展理念的重大转变，是健全最低工资标准调整机制的宏观背景。在此背景下，各级政府高度重视保障和改善民生，围绕改革工资制度、合理调整收入分配关系采取了一系列措施，其中健全最低工资调整机制即一个重要抓手。

二　最低工资标准调整机制建设状况

2004 年 3 月，劳动和社会保障部针对 1993 年发布的《企业最低工资规定》实行中存在的问题，总结实践经验，制定颁布了《最低工资规定》。《最低工资规定》对《企业最低工资规定》做了重要修订，在四个方面进行了改进：一是扩大了覆盖范围，将民办非企业单位劳动者等也列为最低工资保障对象；二是清晰了标准构成，根据社会保障制度和住房制度改革的情况，将职工个人缴纳的社会保险费、住房公积金纳入确定最低工资标准时应考虑的因素，针对实践中存在的问题，规定最低工资标准的扣除项目，明确加班加点、法定津贴、法定福利待遇等不得计算在最低工资标准范围内；三是增加了标准形式，为适应就业形式多样化的需求，增加了适用于非全日制用工的小时最低工资标准；四是明确了调整频率，确立了最低工资标准的正常调整机制，明确要求最低工资标准每两年至少调整一次。通过以上修订改进，最低工资制度规定更加完善，更加切合实际，更加有利于宣传和贯彻执行。

同时，通过五年发展规划等方式，也从政策实践上完善了最低工资标准调整机制。以"十二五"规划纲要为例，纲要提出，要努力提高居民收入在国民收入分配中的比重，提高劳动报酬在初次分配中的比重；努力实现居民收入增长和经济发展同步、劳动报酬增长和劳动生产率提高同步。

三 最低工资标准调整机制实施效果

（一）最低工资标准调整总体实现"保基本"

最低工资标准调整机制不断健全，最低工资制度不断完善，保障范围全面扩展，保障水平不断提升。2003～2012年是最低工资标准调整频率较快、调整幅度较大的几年。2004年4月，《最低工资规定》颁布实施，其中对于调整频次明确规定"每两年至少调整一次"。新规定颁布之后的"十一五"时期，五年时间内全国各地平均调整最低工资标准3.2次，年均调整达到0.64次。与此同时，调整幅度也明显加大。

最低工资制度的目的是保障劳动者及其赡养人口的基本生活。从2004年到2012年，各地最低工资标准与当地城镇居民最低收入户及其赡养人口的基本消费（衣食住行）现金支出比较，多数地区最低工资标准满足了劳动者及其赡养人口的基本生活支出。与考虑了赡养人口的城镇居民最低生活保障标准比，全国各省会城市和直辖市的最低工资标准水平均超过当地最低生活保障标准的1.3倍以上。这说明绝大多数地区的最低工资标准能够基本保障劳动者及其赡养人口的基本生活。在"保基本"的基础上，最低工资标准调整通过影响企业固定工资水平、加班工资计算基数以及失业保险金标准等，对于劳动者及其赡养人口的基本生活起到较好的保障作用。

（二）最低工资标准调整未对企业承受能力和社会总体就业带来明显负面影响

最低工资标准调整对劳动密集型行业企业人工成本上涨有一定的助推作用，但影响有限。最低工资标准通过影响企业人工成本支出对企业经营发展产生影响。国外研究表明，最低工资标准调整对于工资水平高于最低工资标准 1.4 倍及以上的企业影响较小。按此标准测算，以 2012 年为例，从影响范围看，制造业、批发零售业、交通运输业、住宿餐饮业等 7 个劳动密集型行业私营企业受最低工资标准调整影响较大。从影响程度看，上述 7 个劳动密集型行业的人工成本占总成本的比重在 5%～30%，比 2010 年上升了 1～5 个百分点，占比有所上升。总体来看，最低工资标准调整通过影响企业固定工资水平、加班工资计算基数、社保缴费基数等，对于农林牧渔业、采矿业、制造业、批发零售业、交通运输业、仓储邮政业等劳动密集型行业企业人工成本上涨有一定的助推作用，但这些行业人工成本占总成本比重较低，影响有限。

从社会总体就业情况看，最低工资标准调整并未带来失业率的显著变化。全国最低工资标准年均增速较快，同期全国登记失业率一直稳定在 4.0% 左右。从最低工资标准调整前后劳动力市场用工需求看，求人倍率未发生显著变化，用工需求并未减少。从近年来农村新转移劳动力数量来看，全国农民工总量从 2008 年的 2.25 亿人增加到 2013 年的 2.69 亿人，年均增加 880 万人，其中，外出农民工年均增加 381 万人，农民工就业并未因最低工资标准调整而受到影响。特别是近年来劳动力市场阶段性、结构性的"招工难"现象趋于常态化，普工等劳动者短缺普遍存在，也从一个侧面说明最低工资标准调整并未导致普通劳动力需求的减少。这些均表明最低工资标准调整对我国总体就业状况尚未发生明显的影响。

（三）中央主管部门宏观指导有所加强，地方政府更加关注最低工资标准调整

2003～2012 年，国务院主管部门高度重视最低工资标准调整合理性的指导工作，通过下达文件、会议研讨、课题研究、"窗口"指导

等方式，加大了对各地最低工资标准调整的指导力度。同时，随着经济社会发展、劳动力市场转型和劳动者诉求变化，部分地方政府在制定最低工资标准时，既考虑保障劳动者及其家庭成员的基本生活，又适当兼顾劳动者逐步提升的对体面劳动的需求，兼顾了企业对人工成本提高的承受能力，兼顾了与周边经济社会发展相当地区的平衡。

（四）最低工资贯彻执行力度进一步加强，营造了维护基本劳动报酬权益的良好氛围

各地人力资源和社会保障行政部门在工会等有关部门的支持下，加强了对用人单位执行最低工资标准情况的执法监察，进一步加大对违法案件的查处力度，对一些严重违反最低工资规定、拒不改正错误、造成极坏社会影响的用人单位予以曝光；同时各级人力资源和社会保障行政部门努力改进和加强对劳动定额标准的管理，防止一些企业通过随意调高劳动定额、降低计件单价，变相违反最低工资规定。这些措施总体上较好地保障了最低工资制度的贯彻落实。在此推动下，用人单位遵守最低工资规定的意识逐渐增强，广大普通劳动者维护基本劳动报酬权益的意识逐渐形成，营造了执行《最低工资规定》的较好社会氛围。

四　面临的困难和挑战

（一）最低工资制度承载内容较多

总体来看，最低工资制度承载内容较多。由于收入分配问题的复杂性和敏感性、最低工资标准的强制性和明确性，最低工资制度成为部分地区缓解收入差距拉大，确保普通职工共享经济社会发展成果的重要举措。客观上，最低工资标准对于提高劳动者的报酬，特别是企业一线工人的工资，发挥着重要作用。但是另一方面，最低工资标准应该根据经济的发展、物价的变化、企业劳动生产率的提高等情况来适时调整，而不应该成为缓解收入分配差距扩大、建立普通职工工资正常增长机制最重要的甚至唯一的途径。部分地区将最低工资标准调整与众多其他领域的标准形成不合理的联动机制，或在企业薪酬实务中也作为一个重要的参考标准。在企业实践中，部分企业将最低工资标准作为加班工资计算基数、企业员工固定工资标准或保底工资，以及试用期工资待遇、计件工资、包干工资等的依据。

（二）制定调整过程中弹性和随意性较大

我国最低工资标准在制定和调整实际操作过程中，弹性和随意性较大。首先是三方机制不健全。工会、企业代表组织在最低工资调整过程中参与度不高，协商能力不足，三方机制的作用发挥不充分，最低工资标准的共识度受到质疑。

同时，最低工资标准的制定方法不够科学，相关省份在制定最低工资标准时，过于强调与周边省份"攀比"和平衡，而忽视了最低工资标准应有的保障功能。

（三）立法层次低影响了执行效果

由最低工资制度在我国的发展历程可以看出，与之相配套的法律体系并不健全、完善。从最低工资制度确立至今，除了在《劳动法》和《劳动合同法》里有所涉及外，无论是1993年的《企业最低工资规定》还是2004年的《最低工资规定》，均是部委层次的部门规章，立法层次较低，约束力较小，这在很大程度上影响了最低工资标准的科学合理确定和最低工资标准制度的执行，具体体现在：一是少数企业仍存在把最低工资标准作为工资支付标准的现象。二是部分企业存在变相违反最低工资规定的现象。一些企业在执行最低工资标准过程中，采取随意提高劳动定额、延长劳动时间、降低计件单价等手段变相违反最低工资规定，使劳动者的工资在扣除加班工资后，实际低于最低工资标准。三是一些特殊劳动形式打折扣执行仍然存在。《最低工资规定》并没有对以计件和提成的方式计算工资的这些特殊劳动形式的最低工资计算方法做出明确规定，使得以这种方式规避最低工资的现象仍然存在。

第四节　全面推行国有企业负责人年薪制

一　历史背景

从 1992 年上海市在国内率先开始国有企业经营者年薪制试点工作至 21 世纪初，全国有 30 个省份先后制定下发了企业经营者年薪制指导性文件，约有近万户国有企业开展了年薪制试点工作。随着 2003 年国务院国资委成立及各地方国资委陆续成立，国有企业负责人年薪制开始从试点探索阶段进入全面推行阶段。2004 年，国务院国资委下发《中央企业负责人薪酬管理暂行办法》（国资发分配〔2004〕227 号）以及《中央企业负责人薪酬管理暂行办法实施细则》，中央企业负责人普遍实行了以业绩为导向的年薪制度。2009 年，经国务院同意，人力资源和社会保障部等六部门下发了《关于进一步规范中央企业负责人薪酬管理的指导意见》（人社部发〔2009〕105 号），提出了社会主义市场经济下规范中央企业负责人薪酬分配的基本原则，明确了企业负责人薪酬分配的结构和水平，开始从国家政策顶层设计角度加以规范和激励约束。

国有企业负责人全面推行年薪制，是国有企业适应社会主义市场经济体制的内在要求。随着社会主义市场经济体制的建立完善，国有企业面临的市场竞争越来越激烈，企业经营管理的难度越来越大，要在激烈的市场竞争中谋求生存发展，必须更加充分发挥企业经营管理者的作用，更好地激发企业的市场化发展内生动力。年薪制作为充分体现激励与约束相统一、与经营业绩紧密挂钩、与承担风险和责任相匹配的市场化薪酬分配机制，有利于充分发挥薪酬对调动企业负责人积极性的重要作用，有利于规范企业公司治理、强化企业负责人责任，有利于推动企业建立完善现代企业制度、增强企业发展活力，因此，全面推行国有企业负责人年薪制，建立健全国有企业经营管理者的激励和约束机制，充分发挥国有企业经营管理者的作用，建设高素质的企业经营管理者队伍，培育一大批优秀企业家，成为国有企业的必然选择。

专栏3-4　关于国企负责人收入

苏海南：自2003年全面在国有企业推行经营者年薪制以来，出现了各企业负责人年薪核定办法、绩效考核等不够规范，年薪水平不够协调均衡的现象，为了解决这些问题，需要出台相关政策规定。为此，国务院国资委于2006年出台了《中央企业负责人经营业绩考核暂行办法》，对中央企业负责人年度经营业绩、任期经营业绩的考核内容、基本指标和分类指标及其具体考核计算办法、考核程序和奖惩办法做了系统和详尽的规范。其中，专门对负责人基本年薪，效益年薪如何根据年度、任期业绩考核结果浮动发放做了具体规定。该文件对于规范国务院国资委直接管理的中央企业负责人薪酬发挥了积极作用，但实际执行中不够到位，中央企业负责人薪酬水平上升得较快，各企业之间也不够协调平衡。财政部管的金融企业负责人薪酬分配存在的问题比国务院国资委管的问题明显更多。

2008年，中国平安保险公司董事长年度薪酬收入（含当年兑现的股权激励收入）高达6600多万元，引起了时任总书记胡锦涛同志的注意，指示中纪委组织有关部委共同研究解决部分企业负责人薪酬水平偏高、少数人过高的问题。遵照当时胡锦涛总书记的指示，由人社部等六部委共同开展调查研究，经过近一年的调研、协调、起草、修改，于2009年联合发布了《关于进一步规范中央企业负责人薪酬管理的指导意见》。由于当时各有关部门思想认识不统一，将原定的制定法规改为制定"意见"，后又调整为"指导意见"，缺乏约束力，因而实施也难以到位。不少国有企业特别是国有金融企业以及上市公司负责人薪酬水平高或过高、畸高的现象未能得到较好的纠正。

资料来源：根据本课题组专访本人资料整理

二　制度框架及主要内容

（一）薪酬结构

国有企业负责人年薪制主要包括基本年薪、效益年薪两部分。基本年薪根据国有企业的经营规模、经营难度和本地区或本企业平均工资的一定倍数确定，按月发放；效益年薪同负责人经营业绩挂钩，主要考核国有资产保值增值率、实现利润、资本收益率、经济责任制等相关指标完成情况，年终考核兑现。国有企业负责人年薪制实施时，以年度报酬等短期激励为主。2009年《关于进一步规范中央企业负责人薪酬管理的指导意见》规定，国有企业负责人基本年薪主要根据企业经营难度、经营责任和经营风险等因素确定，以上年度中央企业在岗职工平均工资的5倍为基数，结合薪酬调节系数确定（薪酬调节系数限高，暂定最高不超过1.5）。薪酬调节系数主要根据企业上年度总资产、净资产、主营业务收入、利润总额并参考从业人员规模、参与市场竞争程度、风险与成本控制等因素确定。效益年薪与国有企业负责人当年经营业绩考核结果相联系，根据年度经营业绩考核结果，在基本年薪的3倍以内确定。

（二）薪酬水平

在国有企业负责人年薪制试点过程中，年薪水平不断提高。年薪制试点初期，1999 年，36 户中央企业[①]董事长、总经理、党委（党组）书记平均年收入为 6.1 万元，其中最高为化工进出口总公司的 21.3 万元。

同时，年薪制试点政策规定国有企业负责人年薪水平一般控制在本企业职工平均工资的 3～5 倍，到 2006 年，中央管理企业经营层年薪水平已经达到中央企业职工平均工资的 14 倍左右，此后企业负责人与职工之间的收入差距进一步拉大。《关于进一步规范中央企业负责人薪酬管理的指导意见》中则隐含了中央企业负责人薪酬最高可以达到上年度中央企业在岗职工平均工资的 20～30 倍[②]的信息。

（三）监管体制

在年薪制实施中，国家层面没有出台全国国有企业经营者年薪的统一管理办法，中央非金融企业年薪办法由国务院国资委制定，中央金融企业负责人年薪由财政部制定，地方国有企业负责人年薪由 30 个省份分别制定。虽然统称为国有企业负责人年薪制，但年薪制管理办法、考核指标体系、考核标准、薪酬水平等都不尽相同。直到 2009 年，随着《关于进一步规范中央企业负责人薪酬管理的指导意见》正式印发实施，对国有企业负责人薪酬才从国家层面出台了相对统一的管理办法。

---

① 2007 年财政部企业司、劳动保障部劳动工资研究所研究课题"关于改革完善国有企业收入分配制度的意见"。下同。

② 《关于进一步规范中央企业负责人薪酬管理的指导意见》规定，中央企业负责人基本年薪以上年度中央企业在岗职工平均工资的 5 倍为基数，结合企业负责人薪酬调节系数确定，薪酬调节系数最高为 1.5。中央企业负责人基本年薪最高是上年度中央企业在岗职工平均工资的 5～7.5 倍。效益年薪在基本年薪的 3 倍以内确定，即效益年薪最高为职工平均工资的 15～22.5 倍。基本年薪与效益年薪合计负责人薪酬最高为职工平均工资的 20～30 倍。

三　制度实施效果

（一）初步形成企业负责人个人利益与企业利益紧密联动机制

年薪制将国有企业负责人的年薪收入与企业经营状况更加紧密地捆绑在一起，初步形成了企业负责人个人利益与企业利益紧密联系的机制和企业负责人责权利相结合的机制。

（二）在国有企业内部初步形成工资增长合理制衡机制

国有企业负责人年薪制将经营层的收入与普通职工收入相分离，经营层和职工收入分配分别由管理要素和劳动要素市场机制决定，适应了市场经济的要求。

（三）改变了国有企业负责人自定薪酬的局面

国有企业负责人年薪制的制度设计，使得政府部门及履行出资人职责机构开始对国有企业负责人工资收入实行规范监管，改变了企业内部由负责人自定工资的局面。

（四）有利于培养造就适应现代企业制度要求的优秀经营管理队伍

国有企业负责人年薪制有利于企业根据发展需要开展人才竞争，对优秀经营层给予更充分的薪酬激励，有利于培养造就符合现代企业制度要求的优秀经营管理者队伍。

（五）进一步完善国有企业负责人的薪酬管理政策体系

《关于进一步规范中央企业负责人薪酬管理的指导意见》发布后，有关部门先后制定了配套政策文件，对中央企业负责人薪酬管理做进一步规范。财政部、国务院国资委等出资人代表机构出台了国有企业及国有控股企业负责人薪酬管理的具体规定，加强对负责人的业绩考核，严格审核效益薪酬，明确规范负责人的职务消费。中组部等部门出台了中央企业领导班子和领导人员综合考核评价办法，将评价结果与企业负责人的绩效年薪紧密联系，使中央企业负责人考核更为全面、科学。中纪委等部门发布了企业负责人职务消费、廉洁从业的相关要求，有效地约束和规范了企业负责人的职务消费。这些政策规定对强化中央企业负责人薪酬激励与约束，进一步规范中央企业负责人薪酬分配秩序起到了积极作用。

四 面临的矛盾和挑战

（一）国有企业负责人与普通职工工资收入比例不合理

随着年薪制的推行，部分国有企业负责人收入增长速度过快。2006年，123户中央企业负责人人均年薪达37万元，是同期普通职工工资水平的6.4倍。其中，年薪最高企业负责人收入是职工收入的45.6倍。在职工收入水平总体较低的情况下，国有企业负责人收入的相对过度快速增长，增加了职工对企业收入分配的不公平感。

（二）国有企业负责人薪酬核定的非劳因素较大

年薪制实行中，国有企业负责人年薪主要依据企业利润确定。国有企业利润等经济效益指标除了与负责人的主观努力有关外，受行业垄断、经营周期、宏观经济景气程度以及市场价格波动等诸多外部非劳因素影响，如果不合理剔除非劳因素，势必助长年薪制分配的不公。2006年，中央企业负责人中垄断行业平均年薪为52.04万元，竞争行业为23.96万元，其他行业为24.25万元，垄断行业负责人年薪是竞争行业的2.17倍。垄断行业因垄断等非劳因素获得超额利润，企业经济效益好，监管机构核定的负责人薪酬水平就高；而竞争性企业付出的劳动虽然多，因获利水平低、经济效益差，就难以得到高薪酬。

（三）国有企业负责人高薪与高额职务消费并存

随着年薪制的推行，国有企业负责人在拥有高薪的同时，仍保留大量的职务消费，如果将部分国有企业负责人年薪与职务消费加起来，有的达到甚至超过国际同行业高管的薪酬水平。少数国有企业负责人的实际消费超过业绩贡献，助长了追求奢华、过度消费等不良社会风气。

（四）国有企业负责人收入分配平均主义问题突出

年薪制实行中，国有企业正职、副职之间没有拉开合理的收入差距。正职、副职之间的收入差距普遍在15%～20%，相当部分国有企业正职与副职之间收入差距很小，副职收入接近正职收入的90%甚至更高。同时，国有企业副职之间的收入差距更小。国有企业负责人之间收入分配平均主义问题突出，造成年薪制对高管内部的激励和约束效果不甚理想，国有企业负责人的整体积极性没有充分调动起来。

（五）国有企业负责人中长期激励约束机制不健全

年薪制实行主要以短期激励为主，国有企业负责人薪酬构成中与长期经营业绩紧密相连的中长期激励占比较小，与国外市场经济国家相比，国有企业负责人的中长期激励明显偏低。中长期激励比例偏低，导致国有企业负责人更多的关注企业短期利益，缺乏长远战略发展目标考量，难以真正建立起对国有企业负责人有效的激励与约束机制。

第五节　探索股权激励制度

一　历史背景

（一）推进股权激励制度的实施是调动员工积极性、创造性的根本需要

员工积极性较低的问题，是长久以来国有企业面临的突出问题。为了应对国有企业员工积极性较低的问题，我国在推进经济体制改革的过程中采取了包括提高公司经营自主权、施行政企分开、推进混合所有制企业员工持股、建立现代企业制度等一系列举措，取得了积极的成绩。不过，由于所有权结构的特殊性，较民营企业和外资企业而言，国有企业整体管理机制的灵活性相对较弱。作为这种较弱灵活性的重要体现，国有企业的员工薪酬福利机制设计缺乏灵活性则是关键。在此背景下，随着我国改革开放进程的不断加快和深化，民营企业和外资企业等市场竞争主体不断崛起。由于灵活性较高，对于一般员工而言，民营企业和外资企业薪酬福利机制设计具有更大的灵活性，从而形成对员工的极大吸引力。由于同民营企业和外资企业等市场主体相比存在待遇差异，国有企业面临较为严重的人才外流窘境，无论是高层管理人才，还是专业技术人才，或者一般员工，均不同程度地出现外流问题。国有企业人才外流的直接驱动因素是薪酬待遇竞争力不强，本质因素是员工在国有企业工作的积极性不高。推进股权激励制度，能够进一步实现员工利益和国有企业利益的一致，从而提高员工的积极性和创造性。因此，推进股权激励制度实施是调动员工积极性、创造性的根本需要。

（二）推进股权激励制度的实施是推进国有资产保值增值的客观要求

随着我国改革开放进程的不断推进、经济体制改革的不断深化，我国社会主义市场经济体制不断建立、健全和完善，多种所有制并存的经济结构不断形成，国有经济一统天下的局面不断被打破。随着民营企业、外资企业等竞争主体的不断发展壮大，国有企业面临的竞争强度不断提升；尤其是随着2001年我国成功加入世界贸易组织，不仅我国经济融入全球经济的深度和广度不断提升，而且全球经济进入我国经济体系的深度和广度也在不断提升。如此一来，我国国有企业所面临的市场竞争压力不断提升，国有资产保值增值的压力不断增大。推进股权激励制度在国有企业中实施，能够推进员工积极性和创造性的提高，从而更好地提高国有企业的竞争力，增强国有企业创造经济价值的能力，最终实现国有资产保值增值，所以，积极推进股权激励制度的实施是确保国有资产保值增值的客观要求。

（三）推进股权激励制度的实施是深化员工激励约束机制的现实期待

无论是对于民营企业和外资企业来说，还是对于国有企业而言，建立健全激励约束机制都是成功的关键。对于我国国有企业而言，为了更好地提高效益，国家也尝试推出了一系列激励约束机制，包括利润留成、国有企业承包经营、混合所有制企业员工持股制度等。但是，从实施效果来看，尽管以上举措在一定程度上提高了国有企业员工的工作积极性、主动性和创造性，从而提高了国有企业的效率和效益，但是，长效激励机制的缺乏依然是国有企业激励机制的短板，从而影响国有企业激励约束机制的实施效果，以往的激励约束机制效果欠佳。为了在已有国有企业激励约束机制的基础上进一步深化，就需要进一步探索国有企业激励约束机制，建立长效的国有企业激励约束机制，作为长效激励约束机制的重要内容，推进股权激励制度的建设成为重要的方向。因此，推进股权激励制度的实施是深化员工激励约束机制的现实期待。

（四）推进股权激励制度的实施是国有企业改革不断推进的自然延续

1993年11月，党的十四届三中全会通过的《中共中央关于建立社会主义市场经济体制若干问题的决定》明确提出我国国有企业的改革方向是建立以公有制为主体的现代企业制度，以市场经济为基础，以完善的企业法人制度为主体，以有限责任制度为核心，以公司企业为主要形式，以产权清晰、权责明确、政企分开、管理科学为条件的新型企业制度成为我国国有企业改革的基本方向和目标。进入 21 世纪后，随着我国国有企业现代企业制度的不断建立，国有企业改革不断向股权多元化方向进一步推进。作为持续深化国有企业改革，尤其是国有企业股权多元化改革的重要内容，推进股权激励制度的实施不仅能够实现国有企业股权多元化，而且有利于形成员工和国有企业的利益共同体，从而在实现国有企业改革目标的同时，持续推进国有企业运营效率的提升，是国有企业改革进入 21 世纪之后的重要内容。因此，推进股权激励制度的实施是国有企业改革不断推进的自然延续。

二 股权激励制度的主要内容

2002 年 11 月 8 日，党的十六大报告明确提出"确立劳动、资本、技术和管理等生产要素按贡献参与分配的原则，完善按劳分配为主体、多种分配方式并存的分配制度"，为各类国有企业通过股权激励的方式完善分配制度提出了明确的要求。在此背景下，国务院国资委、财政部、科技部等国家部委颁布了一系列文件（见表 3－1），对各类国有企业做好股权激励计划提出了明确的规定。通过对这些文件进行梳理，可以看出，我国所推行的股权激励方式包括如下几种方式，这些不同的方式构成了我国股权激励制度的基本内容，包括奖励股权（份）、股权（份）出售、技术折股、股票期权、限制性股票、股票增值权等。

表3-1　股权激励制度相关文件

文件名称	颁布时间	颁布单位	关键内容	基本目标
《国务院办公厅转发财政部科技部〈关于国有高新技术企业开展股权激励试点工作指导意见〉的通知》①（国办发〔2002〕48号）	2002年9月17日	财政部、科技部（国务院办公厅转发）	明确了国有高新技术企业开展股权激励试点坚持的原则，企业范围，前提条件，股权激励对象，股权激励方式、数量，员工绩效考核评价制度建立情况等内容	推动国有高新技术企业技术创新和可持续发展
《中央企业负责人经营业绩考核暂行办法》②（2003年国资委令第2号）	2003年11月25日	国务院国资委	建立起中央企业负责人经营业绩考核的基本框架，明确了中央企业负责人考核的对象、考核的制度、考核的方式、考核的原则、年度经营业绩考核的内容、任期经营业绩考核的内容以及奖惩规定等	切实履行企业国有资产出资人职责，维护所有者权益，落实国有资产保值增值责任，建立有效的激励和约束机制
《关于高新技术中央企业开展股权激励试点工作的通知》③（国资厅发分配〔2004〕23号）	2004年4月30日	国务院国资委办公厅、科技部办公厅	提出"选择部分高新技术企业和转制科研院所进行股权激励的试点"，明确了高新技术中央企业股权激励试点申报程序，要求精心组织实施股权激励试点工作	贯彻落实全国国有资产监督管理工作会议精神，加强企业科技创新
《中央企业负责人薪酬管理暂行办法》④（国资发分配〔2004〕227号）	2004年6月2日	国务院国资委	明确提出中央企业负责人的薪酬由基薪、绩效薪金和中长期激励单元构成；是在多数中央企业尚未建立起规范的公司法人治理结构的情况下的过渡性办法	切实履行出资人职责，建立有效的中央企业负责人激励与约束机制，促进中央企业改革、发展和国有资产保值增值
关于发布《上市公司股权激励管理办法》（试行）的通知⑤	2005年12月31日	证监会	明确提出股权激励的"限制性股票""股权期权"等形式，对上市公司实行股权激励计划的条件、对象、涉及的股票数量、说明事项、终止情形、限制性股票的内容、股权期权的内容、股权激励的实施程序和信息披露、监管和处罚等内容提出了明确的要求	进一步促进上市公司建立、健全激励与约束机制

续表

文件名称	颁布时间	颁布单位	关键内容	基本目标
关于印发《国有控股上市公司（境外）实施股权激励试行办法》的通知⑥（国资发分配〔2006〕8号）	2006年1月27日	国务院国资委、财政部	明确境外国有控股上市公司实施股权激励的方式、股权激励计划的拟订、股权激励计划的审核、股权激励计划的管理等内容	深化国有控股上市公司（境外）（以下简称上市公司）薪酬制度改革，构建上市公司中长期激励机制，充分调动上市公司高级管理人员和科技人员的积极性，指导和规范上市公司拟订和实施股权激励计划
关于印发《国有控股上市公司（境内）实施股权激励试行办法》的通知⑦（国资发分配〔2006〕175号）	2006年9月30日	国务院国资委	提出并明确了国有控股上市公司实施股权激励的方式、具备的条件、应当遵循的原则、股权激励计划的拟订、股权激励计划的申报、股权激励计划的考核和管理等内容	指导国有控股上市公司（境内，以下简称上市公司）规范实施股权激励制度，建立健全激励与约束相结合的中长期激励机制，进一步完善公司法人治理结构，充分调动上市公司高级管理人员和科技人员的积极性、创造性，规范上市公司拟订和实施股权激励计划
《关于规范国有控股上市公司实施股权激励制度有关问题的通知》⑧（国资发分配〔2008〕171号）	2008年10月21日	国务院国资委、财政部	严格股权激励的实施条件、完善股权激励的业绩考核体系、合理控制股权激励收益水平、进一步强化股权激励计划的管理	上市公司外部市场环境和内部运行机制尚不健全，公司治理结构有待完善，股权激励制度尚处于试点阶段，对上述问题进一步规范
《股权激励有关事项备忘录1号》⑨	2008年	证监会上市公司监管部	进一步澄清股权激励计划实施过程中的提取激励基金问题，主要股东、实际控制人成为激励对象问题，限制性股票授予价格的折扣问题，分期授予问题，行权指标设定问题，授予日问题，激励对象资格问题，股东大会投票方式问题	/

文件名称	颁布时间	颁布单位	关键内容	基本目标
《股权激励有关事项备忘录2号》⑩	2008年5月6日	证监会	进一步明确股权激励计划实施过程中的激励对象问题、股权激励与重大事件间隔期问题、股份来源问题等	/
《股权激励有关事项备忘录3号》⑪	2008年9月16日	证监会上市公司监管部	对股权激励计划的变更与撤销、股权激励会计处理、行权或解锁条件问题、行权安排问题、同时采用两种激励方式问题、附条件授予权益问题、激励对象范围合理性问题等进行规范	/

资料来源：课题组整理。

① http：//www. most. cn/fggw/zfwj/zfwj2002/zf02yw/zf02kjzc/200312/t20031209＿31262. htm，2002－09－17/2018－07－02。

②http：//www. gov. cn/gongbao/content/2004/content＿62839. htm，2003－11－25/2018－07－02。

③ http：//www. sasac. gov. cn/n2588035/n2588320/n2588335/c4260280/content. html，2004－04－30/2018－07－02。

④http：//law. esnai. com/do. aspx？action＝show&controller＝home&lawid＝41269，2004－06－02/2018－07－02。

⑤http：//www. csrc. gov. cn/pub/tianjin/tjfzyd/tjjflfg/tjbmgz/201303/t20130314＿222205. htm，2005－12－31/2018－07－02。

⑥http：//www. sasac. gov. cn/n103/n85881/n85901/c981642/content. html，2006－03－01/2018－07－02。

⑦http：//www. csrc. gov. cn/pub/shenzhen/xxfw/tzzsyd/ssgs/sszl/ssgsxx/201410/t20141028＿262496. htm，2006－09－30/2018－07－02。

⑧http：//www. csrc. gov. cn/pub/shenzhen/xxfw/tzzsyd/ssgs/sszl/ssgsxx/201410/t20141028＿262498. htm，2008－10－21/2018－07－02。

⑨http：//www. csrc. gov. cn/pub/shenzhen/xxfw/tzzsyd/ssgs/sszl/ssgsxx/201410/t20141028＿262493. htm，2014－10－28/2018－07－02。

⑩http：//www. csrc. gov. cn/pub/shenzhen/xxfw/tzzsyd/ssgs/sszl/ssgsxx/200902/t20090226＿95501. htm，2008－05－06/2018－08－02。

⑪http：//www. csrc. gov. cn/pub/shenzhen/xxfw/tzzsyd/ssgs/sszl/ssgsxx/201410/t20141028＿262495. htm，2008－09－16/2018－07－02。

其中，奖励股权（份）、股权（份）出售和技术折股是《国务院办公厅转发财政部科技部关于国有高新技术企业开展股权激励试点工作指导意见的通知》（国办发〔2002〕48号）中明确提出的三种股权激励方式。按照该意见的规定，奖励股权（份）是指企业按照一定的净资产增值额，以股权方式奖励给对企业的发展做出突出贡献的科技人员；股权（份）出售是指根据对企业贡献的大小，按一定价格系数将企业股权（份）出售给有关人员。价格系数应当在综合考虑净资产评估价值、净资产收益率及未来收益等因素的基础上合理确定；技术折股是指允许科技人员以个人拥有的专利技术或非专利技术（非职务发明），作价折合为一定数量的股权（份）。该意见对股权激励的对象进行了明确，只有那些对试点企业的发展做出突出贡献的科技人员和经营管理人员才属于激励范围。对于三类股权激励的股权（份）额度，该意见明确指出，用于奖励股权（份）和以价格系数体现的奖励总额之和，不得超过试点企业近3年税后利润形成的净资产增值额的35%，其中，奖励股权（份）的数额不得超过奖励总额之和的一半；要根据试点企业的发展统筹安排，留有余量，一般在3（年）到5年内使用。采用技术折股方式时，可以评估作价入股，也可按该技术成果实施转化成功后为企业创造的新增税后利润折价入股，但折股总额应不超过近3年该项技术所创造的税后利润的35%。

为了进一步促进上市公司建立、健全激励与约束机制，证监会发布了《上市公司股权激励管理办法（试行）》，明确提出股权激励的限制性股票、股权期权等形式，对上市公司实施股权激励计划的条件、对象、涉及的股票数量、说明事项、终止情形、限制性股票的内容、股权期权的内容、股权激励的实施程序和信息披露、监管和处罚等内容提出了明确的要求。其中，限制性股票是指激励对象按照股权激励计划规定的条件，从上市公司获得的一定数量的本公司股票，应当在股权激励计划中规定激励对象获授股票的业绩条件、禁售期限，并且，在定期报告公布前30日、重大交易或重大事项决定过程中至该事项公告后2个交易日、其他可能影响股价的重大事件发生之日起至公告后 2 个交易日等期间不得向激励对象授予股票。股票期权是指上市公司授予激励对象在未来一定期限内以预先确定的价格和条件购买本公司一定数量股份的权利，在股票期权下，激励对象可以其获授的股票期权在规定的期间内以预先确定的价格和条件购买上市公司一定数量的股份，也可以放弃该种权利。

除了上述股权期权方式之外，为了深化国有控股上市公司（境外）（以下简称上市公司）薪酬制度改革，构建上市公司中长期激励机制，充分调动上市公司高级管理人员和科技人员的积极性，指导和规范上市公司拟订和实施股权激励计划，《国有控股上市公司（境外）实施股权激励试行办法》（国资发分配〔2006〕8 号）还提出通过股票增值权的方式实施股权激励。所谓股票增值权，是指上市公司授予激励对象在一定的时期和条件下，获得规定数量的股票价格上升所带来的收益的权利。在股权增值权制度下，股权激励对象不拥有这些股票的所有权，也不拥有股东表决权、配股权；股票增值权不能转让和用于担保、偿还债务等。

三　股权激励制度的成效及意义

股权激励制度的提出、探索是国有企业改革的重要组成部分。股权激励制度的实施取得了较好的成效，这对于推进国有企业股份制改革、完善国有企业公司治理结构、增强企业活力、提升国有企业管理水平均具有较好的意义和价值。

首先，股权激励制度的推行有力地推进了国有企业股份制改革。做好国有企业股份制改革是实施股权激励制度的前提和基础，也是多项政策文件所提出的实施股权激励制度的前提条件。为了顺利实施股权激励制度，相关国有企业必须做好股份制改革。如此一来，股权激励制度的推行，就有力地推进了国有企业股份制改革的进程。

其次，股权激励制度的推行有利于进一步完善国有企业公司治理结构。公司治理结构的完善程度是反映国有企业现代企业制度建立完善与否的重要衡量指标。作为国有企业开展股权激励制度的条件之一，同做好国有企业股份制改革一样，搭建完善的公司法人治理结构也是重要的前提条件，包括股东会、董事会、经理层组织健全，职责明确，以及外部董事在董事会中的数量符合一定的比例等。相关国有企业为了更好地做好股权激励制度的试点或推行，就必须建立完善的公司法人治理结构，所以，股权激励制度的推行也推进了国有企业公司治理结构的持续完善。

再次，股权激励制度的推行激发了企业活力。股权激励制度的实施，较好地建立了激励对象和公司的利益统一体，有效地激发激励对象积极开展工作、推进企业发展的动力和创造力。由于在我国国有企业所推行的股权激励计划中，主要的目标对象包括为企业的发展做出突出贡献的科技人员、经营管理人员等，而这些人员对于企业的发展具有重要的影响，所以，这些激励对象积极性的提高，有效地提升了企业的整体活力。

最后，股权激励制度的推行也提高了国有企业管理水平。国有企业推行股权激励机制还需要建立在其他基础或前提条件之上，包括较为健全的内部控制制度和绩效考核体系、规范的基础管理制度，符合市场经济和现代企业制度要求的劳动用工、薪酬福利制度、绩效考核体系以及良好的资产质量、财务状况等。因此，为了成功实施股权激励制度，相关国有企业必须在上述体现企业管理水平的重要方面做好工作。如此一来，股权激励制度的推行就较好地实现了国有企业管理水平的提升。

四　股权激励制度进一步完善方向

股权激励制度的推行取得了积极的成效，对于提升企业活力、推进国有企业改革、增强国有企业管理水平、完善国有企业公司治理等方面均发挥了重要的作用和价值。由于股权激励制度的建立、健全需要同我国社会主义市场经济体制的建立、健全相适应，随着我国社会主义市场经济的不断健全和完善，尤其是市场在资源配置中的决定性作用不断凸显，我国股权激励制度也需要进一步完善和健全。

一方面，我国股权激励制度需要以员工持股制度改革为契机，进一步健全和完善。2013年11月12日，党的十八届三中全会通过的《中共中央关于全面深化改革若干重大问题的决定》明确提出允许混合所有制经济实行企业员工持股，形成资本所有者和劳动者利益共同体，开启了新一轮混合所有制企业员工持股制度的序幕。2014年5月，为了进一步促进我国资本市场的发展，建立我国多层次的资本市场体系等目标，国务院发布《国务院关于进一步促进资本市场健康发展的若干意见》，明确指出允许上市公司按规定通过多种形式开展员工持股计划。2015年，《中共中央、国务院关于深化国有企业改革的指导意见》要求探索实行混合所有制企业员工持股。在党中央和国务院对混合所有制企业员工持股制度顶层设计下，我国相关政策部门以及国有企业对员工持股制度进行了深入的试点和创新。由于混合所有制企业员工持股制度是股权激励的重要方式，所以，我国股权激励制度需要进一步以混合所有制企业员工持股制度为契机进一步完善。

另一方面，围绕员工持股计划的试点，持续完善和健全上市公司股权激励机制。2014年，《国务院关于进一步促进资本市场健康发展的若干意见》明确提出要完善上市公司股权激励制度，允许上市公司按规定通过多种形式开展员工持股计划；同年，《关于上市公司实施员工持股计划试点的指导意见》对上市公司推行员工持股计划的原则、资金来源、股权来源、期限和规模、日常管理、实施程序以及信息披露等进行了系统性的规范。我国上市公司需要结合党中央和国务院对于员工持股制度的顶层设计和相关部门的具体要求，持续完善上市公司股权激励制度，形成多主体、多层次的上市公司股权激励制度。

专栏 3-5　关于股权激励

苏海南：进入 21 世纪以后，我国社会主义市场经济体系日益健全，公司制企业包括上市公司大量涌现；在生产方式及其企业组织形式多样化的基础上，分配方式也必然多样化。此前，我国早就确立了按劳分配与按生产要素贡献分配相结合的制度，现在按生产要素包括资本、管理、技术等生产要素贡献分配的形式明显增多。20 世纪 90 年代特别是 2000 年后，我国学习借鉴市场经济发达国家的通行做法，也开始稳妥推行股权激励分配形式。2006 年 1 月 1 日，《上市公司股权激励管理办法（试行）》（证监公司字〔2005〕151 号）施行。该办法明确了股权激励的主要形式——限制性股票、股票期权，明确了企业实行股权激励的条件、对象范围、限制性股票和股票期权的限额、企业制定股权激励计划的要求、终止计划的规定、实施程序和信息披露以及监管和处罚，内容比较全面系统，也具有较强的可操作性，对于当时实行股权激励发挥了指导、规范的作用。不足之处，一是限制性股票禁售期未明确，股票期权从获授日至行权日之间间隔仅一年，偏短；二是对获授股权激励人的绩效考核等要求不够明确细致，容易造成只要是董事、监事、高管等人员，即可凭职务获授股权激励，没有充分体现按管理要素及其个人实际业绩获取股权激励收入的原则；三是股东大会表决规定过于宽松，文件规定"股东大会就上述事项作出决议，必须经出席会议的股东所持表决权的2/3以上通过"，这可能出现出席会议的股东仅持有公司

20%～30%股份的表决权即可表决通过的情况，文件没有明确要求持有公司50%及以上股份的股东表决通过，容易造成董事、监事、公司高管等少数人合谋自肥的现象。实际实施中，不少上市公司董事、监事和高管人员通过股权激励大量套现的情况时有发生，引发社会关注和不满。

在证监公司字〔2005〕151号文件发布后，国有控股上市公司也面临是否和如何试行股权激励的问题。为了规范国有控股上市公司的股权激励行为，2006年1月27日，国务院国资委和财政部发布了《关于印发〈国有控股上市公司（境外）实施股权激励试行办法〉的通知》；同年9月30日，又发布了《关于印发〈国有控股上市公司（境内）实施股权激励试行办法〉的通知》，该文与151号文件主要内容相近，只是针对国有控股境内外上市公司的情况增加了一些约束控制的内容，如规定境内上市公司高级管理人员个人股权激励预期收益水平，应控制在其薪酬总水平（含预期的期权或股权收益）的30%以内，境外则控制在40%以内；又如境内国有控股上市公司负责人股票期权行权限制期原则上不得少于2年；等等。

2016年7月13日，中国证券监督管理委员会公布《上市公司股权激励管理办法》（证监会令第126号），该文件是对原证监公司字〔2005〕151号的重新修订，原文件随之作废。该文件一是增加了对上市公司及其人员实行股权激励的条件要求；二是强调了获授股权激励者需要达到相应的绩效考核要求；三是进一步细化了实施程序；四是规定"拟为激励对象的股东或者与激励对象存在关联关系的股东，应当回避表决"；五是增加了信息披露的要求，如股东大会决议公告中应当包括中小投资者单独计票结果等。以上这些都是新的改进完善，顺应了新形势新要求，解决了原文件存在的第二个问题，但第一、第三个问题仍未得到很好的解决，今后仍需研究采取适当的措施。

资料来源：根据本课题组专访本人资料整理

第六节　建立科学合理的机关、事业单位工资收入分配制度和增长机制

一　历史背景

随着我国社会主义市场经济体制的逐步建立和各项制度改革的不断深化，机关、事业单位工资分配中也积累了一些需要研究解决的问题，如地方、部门、单位在国家政策外普遍自行发放津贴补贴，收入分配秩序比较混乱，地区间、部门间工资差距不断扩大；工资制度本身不尽合理，基本工资构成切块过多，部分功能重叠，不能有效地发挥作用；事业单位收入分配制度不适应深化事业单位改革的要求；工资管理体制存在与社会主义市场经济发展要求不相适应的地方。

为贯彻落实党的十六大关于"完善干部职务与职级相结合的制度、建立干部激励和保障机制"的精神以及《公务员法》等的规定，党中央国务院决定从2006年7月1日起，对机关和事业单位工资制度进行改革和完善。

这一次机关、事业单位工资制度改革，重在建立科学合理的工资收入分配制度和增长机制，形成适应经济体制和干部人事管理体制要求的工资收入分配管理体制，通过改革制度和建立新机制，使分配纪律更加严肃、分配秩序更加规范，标志着机关、事业单位工资收入分配改革进入一个新的阶段。

公务员工资制度的改革目标是建立科学完善的公务员工资制度，

解决公务员收入分配领域存在的突出矛盾。通过简化工资结构、增设级别、增强级别功能、完善工资调整办法等措施，进一步加强工资的激励作用，同时，加大向基层和艰苦边远地区的倾斜力度。

事业单位工资制度改革旨在建立更加符合事业单位特点、体现岗位绩效和分级分类管理的收入分配制度，完善工资正常调整机制，健全宏观调控机制。

二　公务员职级工资制的主要内容

与以往历次工资制度改革相比，2006年工资制度改革涉及的内容较多。

一是改革工资制度与清理规范津贴补贴相结合。一方面，在清理津贴补贴、摸清底数的基础上，结合公务员职级工资制度改革，将一些地方和部门的部分津贴补贴纳入基本工资，适当提高基本工资在工资收入中的比重，优化公务员工资收入结构。另一方面，对津贴补贴进行规范，合理确定水平，科学规范项目①，分类分步调控，严格监督管理，为规范公务员和事业单位工作人员工资收入分配秩序奠定基础。

二是简化基本工资结构，增强工资的激励功能。取消基础工资和工龄工资，将公务员基本工资结构简化为职务工资、级别工资。职务工资主要体现公务员的工作职责大小，一个职务对应一个工资标准，为体现岗位职责的差别，领导职务和非领导职务对应不同的职务工资标准。级别工资主要体现公务员的资历、职务和工作实绩，每一级别设若干个工资档次，公务员根据所任职务、德才表现、工作实绩和资历确定级别和级别工资档次。

三是适当向基层倾斜。为了鼓励广大基层公务员安心本职工作，

---

① 将原来五花八门的津贴补贴归并为工作性津贴补贴、改革性津贴补贴、生活性津贴补贴、奖励性津贴补贴等项目。

缓解都去挤职务这个"独木桥"的矛盾，公务员职级工资制改革方案中采取了相应的倾斜措施。主要包括：适当加大不同职务对应级别的交叉幅度，公务员级别由原来的 15 个调整为 27 个，级别工资的权重有所加大，使晋升级别对提高工资发挥更大的作用。实行级别与工资等待遇挂钩，使公务员不晋升职务也能提高待遇，缓解了因职数限制而晋升职务难的问题。每一职务层次对应若干个级别，每一级别设若干个工资档次，最多的设置了 14 个档次。加大低职务对应级别数，使低职务公务员有较大的晋升空间。

四是健全公务员工资水平正常增长机制。主要是建立工资调查制度，国家根据工资调查比较的结果，结合国民经济发展、财政状况、物价水平等情况，适时调整机关工作人员基本工资标准。工资调查制度建立前，国家根据国民经济发展、财政状况和物价水平等因素，确定调整基本工资标准的幅度。

五是完善机关工人工资制度。技术工人实行岗位技术等级工资制，基本工资由技术等级（职务）工资、岗位工资、奖金三项构成。技术等级（职务）工资根据技术水平高低确定，一个技术等级（职务）对应一个工资标准。岗位工资根据工作难易程度和工作质量确定，按初级工、中级工、高级工三个技术等级和技师、高级技师两个技术职务设置，分别设若干工资档次。普通工人级别工资由岗位工资、奖金两项构成简化为由岗位工资一项构成。

三　事业单位岗位绩效工资制的主要内容

2006 年事业单位工资制度改革是为了适应深化事业单位改革的需要，逐步建立起宏观上注重公平，微观上体现激励，关系合理、秩序规范的岗位绩效工资制。岗位绩效工资制的主要特点和内容如下。

一是与深化事业单位体制改革相适应。事业单位收入分配制度改革是事业单位整体改革的重要组成部分，与事业单位分类管理、人事制度、财务制度、养老保险制度等改革密切相关。这次事业单位收入分配制度改革，在内容和方法步骤上，都充分考虑了相关配套改革的要求和进程，既有利于深化收入分配制度改革，也有利于推动事业单位其他各项改革。

二是建立体现事业单位特点的收入分配制度。事业单位构建了岗位绩效工资制度。岗位绩效工资由岗位工资、薪级工资、绩效工资和津贴补贴四部分组成。岗位工资主要体现工作人员所聘任岗位的职责和要求；薪级工资主要体现工作人员的工作表现和资历；绩效工资主要体现工作人员的实绩和贡献。岗位工资、薪级工资为基本工资，实行"一岗一薪、岗变薪变""一级一薪、定期升级"制度，使工作人员的收入与其岗位职责、工作业绩和实际贡献相联系。津贴补贴是补偿职工在特殊工作环境下的劳动消耗，或特定条件下工作生活的额外支出，分为艰苦边远地区津贴和特殊岗位性津贴。

三是完善工资正常调整机制。逐步建立适应事业单位整体改革要求的工资正常调整机制，在运行机制上体现事业单位的特点；建立基本工资标准和津贴补贴标准的动态调整机制，使事业单位工作人员收入水平与国民经济社会发展相协调。

四是完善高层次人才的分配激励约束机制。在继续执行政府特殊津贴的同时，采取一次性奖励、建立特殊津贴、建立重要人才国家投保制度等措施，对部分急需人才实行协议工资、项目工资等灵活多样的分配办法，实现一流人才、一流业绩、一流报酬，充分调动高层次人才的积极性、主动性和创造性。

五是建立分级管理体制，健全收入分配宏观调控机制。进一步明确中央、地方和部门的管理权限，分级管理、分级调控，完善收入分配调控政策，加强工资收入支付管理，进一步理顺分配关系，规范分配秩序，充分发挥地方和部门在调控管理和监督检查等方面的作用，逐步形成统分结合、权责清晰、运转协调、监督有力的宏观调控体系。

事业单位收入分配制度改革是事业单位整体改革的重要组成部分，与事业单位分类管理、人事制度、财务制度、养老保险制度等改革密切相关。2006 年，人事部印发了《事业单位岗位设置管理试行办法》（国人部发〔2006〕70 号）和《〈事业单位岗位设置管理试行办法〉实施意见》（国人部发〔2006〕87 号），对事业单位岗位设置进行了规定。

四　工资制度改革取得的成效

自 2006 年起的改革工作中，收入分配制度改革和规范收入分配秩序同时并举，对于建立新的科学合理的工资制度和收入分配激励机制，逐步实现公务员、事业单位收入分配的科学化、规范化和法制化具有重要意义。

一是增强了级别在工资分配中的激励作用，体现为向基层倾斜。通过合理设计工资标准，在保证低职务人员工资水平的同时，适当拉开不同职务、不同级别的工资差距，将基本工资最高最低比例由原来的 6.6∶1 调整为 12∶1，有利于合理体现职责和贡献的大小，较好地解决"制度内平均主义"的问题。

专栏 3-6　关于机关、事业单位工资制度逐步改革背景

苏海南：2006 年这次工资改革，国家只对机关、事业单位做了安排，因为企业进入 21 世纪后基本实现了自主经营、自负盈亏、自主分配，国家没有就企业工资改革做全国性的统一安排。2006 年 6 月，《国务院关于改革公务员工资制度的通知》

（国发〔2006〕22号）颁布实施；同年同月，人事部、财政部下发了《关于印发事业单位工作人员收入分配制度改革方案的通知》（国人部发〔2006〕56号）。机关实行了职务级别工资制，取消了原有的基础工资、工龄工资等；事业单位统一实行了岗位绩效工资制度。通过改革，进一步提高了机关、事业单位工作人员的工资水平，调整了工资分配关系，起到了一定程度调动机关、事业单位工作人员积极性的作用。但也存在一些不足，一方面机关工资制度没有体现不同类别公务员的不同工作性质和劳动特点，地区附加津贴等制度没有及时建立健全；另一方面，把近130万个事业单位、3000多万工作人员统一纳入一套工资制度之中，明显不符合不同行业、不同类别事业单位及其工作人员不同工作性质、劳动特点的客观需要，这点与1993年改革相比甚至有所退步。

资料来源：根据本课题组专访本人资料整理

二是规范了收入分配秩序。清理规范津贴补贴，有效遏制了地方、部门和单位滥发津贴补贴的现象，逐步使同一地区不同部门的津贴补贴水平大体相当，有利于促进整体收入分配秩序的规范，也有利于更好地调动公务员和事业单位工作人员的积极性。

三是完善艰苦边远地区津贴制度，有利于发挥工资政策的导向作用，促进了艰苦边远地区机关、事业单位工作人员队伍的稳定。

四是建立符合事业单位特点的收入分配制度。建立岗位绩效工资制度，适应事业单位由身份管理向岗位管理转变的要求，使工作人员的收入与其岗位职责、工作业绩、实际贡献相联系，初步形成灵活多样的收入分配激励约束机制，进一步实现了在制度形式和运行机制上与公务员工资制度脱钩。通过完善高层次人才激励机制，加大了对高层次人才的倾斜力度，体现尊重知识、尊重人才和鼓励创新，吸引和稳定了人才。通过建立事业单位主要领导收入分配激励约束机制，加强引导和调控事业单位的收入分配。

到2012年底，事业单位工作人员收入分配制度改革稳步推进，各地义务教育学校、公共卫生与基层医疗卫生事业单位绩效工资实施到位，其他事业单位绩效工资有序实施，部分省份基本完成。如义务教育学校教师绩效工资实施工作总体比较平稳，成效明显，得到了广大义务教育教师特别是农村教师的拥护和欢迎，社会反响较好。通过实施绩效工资，落实了义务教育法关于教师平均工资水平不低于当地公务员平均工资水平的规定，建立了确保教师待遇的长效机制，促进了义务教育教师资源均衡配置和教育人事制度改革，加强了教师队伍建设。

五是实行分级分类管理，强化地方和部门的职责，促进形成合理的收入分配格局。

收入分配问题涉及面广，情况十分复杂，解决难度大。机关、事业单位工资收入分配制度改革，有的问题只是初步得到解决，还存在一些突出问题有待解决：一是地区之间工资差异仍然较大，反映地区性差异的工资标准体系尚未建立。表面看是津贴补贴的规范问题，实际上是由于各地经济发展不平衡，劳动力市场差异很大，统一的基本工资标准已经难以起到平衡作用，而地区附加津贴制度尚未建立起来，各地区在规范津贴补贴的同时又擅自突破其他改革性和奖励性津贴，基本工资比重再次下降。二是级别工资的激励功能没有发挥出来。没有按计划出台级别与待遇挂钩、职务与职级并行等政策，向基层倾斜力度不够。三是工资决定与调整缺乏法律依据。地区附加津贴制度、工资调查制度等配套政策没有建立，科学合理的公务员工资水平决定与调整机制尚未建立，工资管理无法可依、有法不依、执法不严现象明显。四是正常调整机制仍未建立，此后连续运行八年没有调整基本工资标准。

五　后续改革措施和配套改革

（一）规范公务员收入分配秩序

"十五"期间，各地区、各部门自行出台了各种津贴补贴政策。总体来看，各地发放的津贴补贴已经远高于国家规定的基本工资部分，部分地区甚至达到了总工资收入的80%以上。"十一五"期间，通过严肃纪律，全面清理公务员的津贴补贴，基本摸清了津贴补贴发放情况，有效遏止了地方、部门和单位乱发津贴补贴的现象。通过规范公务员的津贴补贴，采取"限高、稳中、托低"等措施，逐步使同一地区不同部门的津贴补贴水平大体相当。

（二）完善艰苦边远地区津贴制度

通过总结实践经验和进行专项研究，建立了科学合理的实施范围和类别评估指标体系，作为评价艰苦边远程度、确定实施范围和类别的基本依据，减少了决策中的人为因素。根据实际情况，考虑财力可能，适当扩大实施范围，增设了类别，提高了津贴标准，加大了对艰苦边远地区的倾斜力度。

（三）教育和医疗卫生事业单位实施绩效工资

从2009年1月1日起，在全国义务教育学校实施绩效工资，确保义务教育学校教师平均工资水平不低于当地公务员平均工资水平，同时对义务教育学校离退休人员发放生活补贴。从2009年10月1日起，配合医药卫生体制改革，特别是实行基本药物制度，在疾病预防控制、健康教育、妇幼保健、精神卫生、应急救治、采供血、卫生监督等专业公共卫生机构和乡镇卫生院、城市社区卫生服务机构等基层医疗卫生事业单位实施绩效工资改革。

（四）特殊岗位和人才激励政策

在规范特殊岗位性津贴和完善特殊人才激励机制方面，2005 年和 2008 年分别提高了按月发放的政府特殊津贴和院士津贴标准；完善了运动员、教练员奖励办法，进一步加大了奖励力度。

积极配合推进事业单位岗位设置工作，指导完成聘用制度和岗位管理制度建立工作的地方和事业单位，对专业技术人员按明确的岗位等级执行相应岗位工资标准。

2011 年，为推动公益事业更好更快发展，做好分类推进事业单位改革工作，中共中央、国务院印发了《关于分类推进事业单位改革的指导意见》（中发〔2011〕5 号）文件，同时印发了《关于深化事业单位工作人员收入分配制度改革的意见》等 9 个配套文件。

文件指出，深化事业单位工作人员收入分配制度改革的基本原则是：坚持按劳分配与按生产要素分配相结合，探索事业单位知识、技术、管理等生产要素参与分配的有效途径，使工作人员收入与岗位职责、工作业绩、实际贡献紧密联系，鼓励人才创新创造；坚持改革工作人员收入分配制度与规范收入分配秩序相结合，严肃分配纪律，逐步建立公平公正、合理有序的收入分配格局；进一步明确地方和部门的工资管理职责，对不同类型的事业单位实行不同的工资管理办法，实行分级分类管理，促进形成不同地区、不同类型事业单位之间合理的工资分配关系；着眼社会收入分配全局，与深化事业单位改革进程相适应，统筹兼顾，妥善处理与相关群体的利益关系，稳慎推进改革。

第四章
构建共享和按要素分配体制机制的改革完善阶段（2013~2018年）

党的十八大以来，党中央国务院出台了一系列政策，包括深化中央管理企业负责人薪酬制度改革、提高技术工人待遇、改革国有企业工资决定机制、激发重点群体活力带动城乡居民增收，以及实行以增加知识价值为导向的分配政策等改革举措，着力规范国企负责人薪酬管理，建立健全激励约束机制；着力提高技术工人薪酬福利待遇；改革国企工资决定机制，推行工资集体协商，调节行业之间、企业之间薪酬分配关系；实行以增加知识价值为导向的激励机制，提高科研人员薪酬待遇；逐步建立低收入工薪劳动者工资增长机制，同时合理安排企业内部分配关系。这些政策的实施，有效激发了各类群体的劳动积极性，使广大劳动者能够共享社会经济的发展成果，人民群众的收入水平不断提高。

第一节　坚持以人民为中心，不断满足人民群众对美好生活的向往

十八大以来，坚持以人民为中心的发展理念，坚持走共同富裕道路。坚持社会主义基本经济制度和分配制度，不断调整国民收入分配格局，加大再分配调节力度，着力解决收入分配差距较大问题，使发

展成果更多更公平惠及全体人民，朝着全面实现小康的目标迈进。

2013 年 2 月，国务院批转了三部委《关于深化收入分配制度改革的若干意见》，对深化收入分配制度改革进行全面部署。2014 年 11 月，党中央、国务院印发《关于深化中央管理企业负责人薪酬制度改革的意见》，全面部署国企特别是央企负责人薪酬制度改革，建立符合中央管理企业负责人特点的薪酬制度，逐步规范企业收入分配秩序，实现薪酬水平适当、结构合理、管理规范、监督有效，对不合理的偏高、过高收入进行调整。2015 年 8 月，中共中央、国务院印发《关于深化国有企业改革的指导意见》，提出实行与社会主义市场经济相适应的企业薪酬分配制度，建立健全与劳动力市场基本适应、与企业经济效益和劳动生产率挂钩的工资决定和正常增长机制。推进全员绩效考核，以业绩为导向，科学评价不同岗位员工的贡献，合理拉开收入分配差距，切实做到收入能增能减和奖惩分明，充分调动广大职工积极性。对国有企业领导人员实行与选任方式相匹配、与企业功能性质相适应、与经营业绩相挂钩的差异化薪酬分配办法。要求国有企业深化企业内部用人制度改革。建立健全企业各类管理人员公开招聘、竞争上岗等制度，对特殊管理人员可以通过委托人才中介机构推荐等方式，拓宽选人用人视野和渠道。建立分级分类的企业员工市场化公开招聘制度，切实做到信息公开、过程公开、结果公开。构建和谐劳动关系，依法规范企业各类用工管理，建立健全以合同管理为核心、以岗位管理为基础的市场化用工制度，真正形成企业各类管理人员能上能下、员工能进能出的合理流动机制。

2018 年 5 月，国务院印发《关于改革国有企业工资决定机制的意见》，以增强国有企业活力、提升国有企业效率为中心，建立健全与劳动力市场基本适应、与国有企业经济效益和劳动生产率挂钩的工资决定和增长机制，完善国有企业工资分配监管体制，充分调动国有企业职工的积极性、主动性和创造性，进一步激发国有企业创造力和提高市场竞争力，推动国有资本做强做优做大，促进收入分配更合理、更有序；适时适度规范调整最低工资，结合新常态下出现的新变化，最低工资标准的调整总体上较好地保障了低收入工薪劳动者及其赡养人口的基本生活，对企业承受能力和社会就业的影响相对较小，实现了最低工资制度的功能定位，大多数地区最低工资标准调整与当地主要相关经济社会发展指标变化较为匹配。同时，打基础、利长远、促公平的相关工资收入分配制度也取得积极进展。工资指导线制度不断完善，部分地区发布行业工资指导线，为引导企业合理安排工资增长、缩小行业工资差距以及推动行业工资集体协商发挥积极作用。全国范围的企业薪酬调查工作取得积极进展，调查内容、指标方法和工作流程初步成形，成为工资调控决策的重要基础。2016年、2017年国务院办公厅发布了《关于全面治理拖欠农民工工资问题的意见》《关于印发保障农民工工资支付工作考核办法的通知》等相关文件，保障劳动者及时足额取得劳动报酬的工资支付保障机制进一步健全，保障了基本权益，促进了社会公平。与此同时，机关、事业单位于2014年、2016年两次调整基本工资标准，建立起工资正常调整机制；事业单位绩效工资改革稳步推进。

以习近平同志为核心的党中央，在着力发展经济的基础上，千方百计增加居民收入，实现发展成果由人民共享，努力实现居民收入增长和经济发展同步、劳动报酬增长和劳动生产率提高同步，提高居民收入在国民收入分配中的比重，提高劳动报酬在初次分配中的比重。初次分配和再分配都要兼顾效率和公平，再分配更加注重公平。完善劳动、资本、技术、管理等要素按贡献参与分配的初次分配机制，加快健全以税收、社会保障、转移支付为主要手段的再分配调节机制。深化企业和机关、事业单位工资制度改革，推行企业工资集体协商制度，保护劳动所得。多渠道增加居民财产性收入。规范收入分配秩序，保护合法收入，增加低收入者收入，调节过高收入，取缔非法收入。

工资收入水平不断提高，中等收入群体持续扩大。改革开放40多年来，劳动者和全体居民分享了经济发展成果。1978年城镇单位就业人员平均工资为615元，2017年增长到74318元，增长了120倍左右，年均增幅13.08%；1978年全国城镇居民人均可支配收入为343元，到2017年增长到36396元，增长了105倍左右，年均增长12.70%。1978年全国人均GDP为385元，到2017年增长到59660元①，增长了154倍左右，年均增长13.80%。城镇居民人均可支配收入年均实际增长7.7%，农村居民人均可支配收入年均实际增长9.6%，农村居民增长率超过城镇居民增长率，全体居民较好地分享了经济社会的发展成果。

特别是党的十八大以来，深入贯彻以人民为中心的发展思想，一大批惠民举措落地实施，人民获得感显著增强，城乡居民收入增速超过经济增速，形成世界上人口最多的中等收入群体。2012年以来，我国城镇单位就业人员年平均工资增长速度为9.6%，扣除价格因素，实际平均增长7.4%；城镇私营单位就业人员年平均工资增长速度为10.5%，扣除价格因素，实际平均增长8.2%。城镇单位就业人员平均工资实际增速高于同期GDP增速，低收入群体相对集中的私营单位就业人员平均工资增速高于城镇单位非私营单位就业人员平均工资增速。

党的十八大以来，国民收入分配格局不断优化，居民可支配收入在国民可支配收入中的比重和劳动报酬在初次分配中的比重均有所提

---

① 作者认为此数据无误。

高，城乡、地区和行业工资收入差距呈现缩小趋势。我国城乡居民收入倍数由2010年的2.99倍缩小到2017年的2.7倍；地区之间工资收入差距有所缩小，2010年全国31个省份中，城镇单位在岗职工工资水平最高省份为最低省份的2.47倍，2015年缩小到2.45倍，总体呈降低趋势；行业工资收入差距也有所缩小，2017年与2012年比较，按行业门类划分的就业人员平均工资最高与最低差距从3.96倍缩小至3.64倍；不同群体之间工资收入差距呈现缩小趋势，2010～2015年全国居民收入基尼系数从0.481下降到0.462[1]，特别是私营单位就业人员平均工资水平和农民工工资年均增速超过城镇单位就业人员工资涨幅，不同群体之间工资收入差距扩大趋势减弱。

党的十八大以来，工资收入分配秩序逐步趋于合理。国有企业负责人薪酬制度改革深入实施，不合理的过高收入得到合理调节。治理拖欠工资取得明显成效，建立拒不支付劳动报酬犯罪案件行政执法与刑事司法衔接制度，为劳动者追发工资等待遇1586.7亿元，有效遏制了拖欠农民工工资的势头，预防和解决欠薪的长效机制建设取得积极进展。机关、事业单位工资和津贴补贴制度逐步健全，部分工资外的不规范收入得到有效遏制。

第二节　十八大以来收入分配改革成就

一　十八大以来收入分配改革战略及路径部署

十八大以来，以习近平同志为核心的党中央坚持发展为了人民、发展依靠人民、发展成果由人民共享的执政理念，高度重视民生问题，并把提高老百姓收入水平、实现公平分配作为执政为民的工作目

---

[1]　根据国家统计局相关数据计算。

标，抓改革、促发展，对收入分配领域的改革进行了系统思考和设计，并提出了具体的改革目标和措施。

（一）发展理念及战略思想

从发展理念及战略思想来看，一是提出"共享"的发展理念。2015年10月通过的《中共中央关于制定国民经济和社会发展第十三个五年规划的建议》指出，共享是中国特色社会主义的本质要求，必须使全体人民在共享发展中有更多的获得感，增强发展动力，增进人民团结，朝着共同富裕的方向稳步前进。二是提出"两同步"思想。十八大报告有针对性地提出"实现居民收入增长和经济发展同步、劳动报酬增长和劳动生产率提高同步"的"两个同步"思想，"提高居民收入在国民收入分配中的比重，提高劳动报酬在初次分配中的比重"的"两个提高"思想。三是实施精准扶贫战略，消除绝对贫困。《中共中央国务院关于打赢脱贫攻坚战的决定》明确，到2020年，稳定实现农村贫困人口不愁吃、不愁穿，义务教育、基本医疗和住房安全有保障。实现贫困地区农民人均可支配收入增长幅度高于全国平均水平，基本公共服务主要领域指标接近全国平均水平。确保我国现行标准下农村贫困人口实现脱贫，贫困县全部摘帽，解决区域性整体贫困问题。

（二）发展目标

从发展目标看，一是要加快形成合理有序的收入分配格局，努力提高居民收入在国民收入分配中的比重，提高劳动报酬在初次分配中的比重，尽快扭转收入差距扩大趋势。《中共中央关于全面深化改革若干重大问题的决定》提出，扩大中等收入者比重，努力缩小城乡、区域、行业收入分配差距，逐步形成橄榄型分配格局。这标志着在党的文件中第一次提出将橄榄型分配格局作为收入分配制度的改革目标。二是努力提高居民收入水平，到2020年实现国内生产总值和城乡居民人均收入比 2010 年翻一番，确保实现全面建成小康社会的目标。

（三）具体实施路径

从具体实施路径看，通过各类激励和支持政策为各类群体提供增收渠道。如近年来城乡居民增收综合配套政策、专项激励计划、收入监测等三类试点陆续启动，对技能人才、科研人员、新型职业农民等多个群体实施增收激励政策，同时在适时适度提高最低工资、最低生活保障等各类标准的同时，国家出台的一系列限制国有企业高管高薪和超高薪的举措得到切实推进，并在打击灰色收入、腐败收入等违法高收入上取得明显成效。此外，进一步完善了对垄断行业工资总额与工资水平的双重调控政策，并通过税收制度改革、推进慈善事业等举措来加强对高收入者的调节力度。通过以上各项宏观政策及促进收入增长的针对性办法，近年来收入分配不合理局面改善，职工工资收入稳步提高，居民收入增长和经济增长同步性提高，大大增强了人民群众的获得感，增强了经济社会发展的凝聚力和向心力，更加筑牢了实现中华民族伟大复兴梦的执政基础。

（四）收入分配改革成果

一是工资收入分配制度逐步完善，职工工资水平稳步提高，国有企业负责人薪酬制度改革深入实施，工资集体协商稳步推进，最低工资制度逐步完善，企业自主分配、平等协商确定的工资决定和增长机制初步形成，机关、事业单位工资和津贴补贴制度逐步健全；2016年，城镇非私营单位就业人员年平均工资达 67569 元，比 2012 年增加 20800 元，年均增长 9.6%；城镇私营单位就业人员年平均工资达 42833 元，增加 14081 元，年均增长 10.5%，初步实现了工资增长与劳动生产率提高基本同步，劳动报酬在初次分配中的比重稳步提高。

二是居民收入和经济同步增长。近些年来，劳动力供求关系的改变加快了工资增长步伐，从而推动了居民收入的较快增长，我国不合理的收入分配局面出现改善趋势。2012～2016年，全国居民人均可支配收入从16510元提高到23821元，年均名义增长9.6%，扣除物价影响后，年均实际增长8%左右，高于同期GDP年均7.3%的（实际）增长速度。中国经济增长和居民收入增长的同步性提高。

三是收入差距逐步缩小，老百姓获得感增强。2013年以来，我国城乡居民收入年平均增长7.4%，实现了与GDP增长基本同步；收入差距逐步缩小，基尼系数从2013年的0.473下降到2016年的0.465，基本在2003年以来的最低点附近。与此同时，收入的城乡差距和区域差距也出现缩小的趋势。2009年，城乡居民收入差距达到了改革以来的最高点3.33∶1。随着党中央加快农村发展的政策贯彻落实，惠农补贴和扶贫开发力度加大，城乡收入差距开始缩小，城乡收入差距2016年缩小到2.72∶1。近年来，中西部地区有些省份发展比较快，经济增长速度比较快，地区收入差距缩小。以居民人均可支配收入衡量，2013年，最高的是上海，最低的是西藏，两者比例为4.33∶1；2015年，两者比例为4.06∶1。中部地区和西部地区GDP占全国的比重，分别从2004年的19%和17%提高到2015年的24.4%和20.1%。① 总体来看，我国收入差距开始全方位缩小，这大大提高了人民群众分享经济增长成果的程度，增强了人民群众的获得感。

四是实施精准扶贫见成效，中等收入群体规模逐步扩大。党的十八大以来，我国不断加大反贫困的力度，提出在"十三五"时期要使我国现行标准下农村贫困人口实现脱贫，贫困县全部摘帽，解决区域性整体贫困问题，并实施精准扶贫战略，我国贫困人口减少速度大大加快。2012年至2016年，农村贫困人口从9800多万减少到4000多

---

① 根据国家统计局相关数据计算。

万，贫困人口占比从10.2%下降到4.5%。与此同时，随着国家采取各种措施确保低收入群体收入增长以及再分配中向低收入群体的倾斜，一些低收入者开始进入中等收入群体。无论用什么标准衡量，我国最近几年中等收入群体规模都呈现扩大趋势，理想的橄榄型收入分配结构正在形成。

二　十八大以来工资收入分配制度改革成就

党的十八大以来，各级人力资源和社会保障部门深入学习贯彻习近平总书记系列重要讲话精神和治国理政新理念新思想新战略，扎实推进各项工作，工资收入分配改革事业发展取得重大突破和显著成效，工资收入分配有序开展，工资收入分配制度逐步完善，职工工资水平稳步提高，工资收入分配差距逐步缩小。

（一）改革国有企业高管薪酬制度

十八大以来，伴随着收入分配制度改革和中纪委对国有企业巡视的推进，国有企业负责人薪酬改革成为政策和舆论焦点。2014年，中央出台《关于深化中央管理企业负责人薪酬制度改革的意见》，同时，各省也积极推进地方国有企业负责人薪酬制度改革，规范国有企业收入分配秩序，实现薪酬水平适当、结构合理、管理规范、监督有效，促进企业持续健康发展，推动形成合理有序的收入分配格局。

（二）改革国有企业工资决定机制

2018年3月28日，中央全面深化改革委员会审议并原则通过了《关于改革国有企业工资决定机制的意见》。随后，国务院正式印发了文件，并对推进这项改革提出了明确的要求。本次制度改革是我国国有企业收入分配领域的一次重大制度创新，对工资总额分类管理、企业内部自主分配权、提升市场在工资分配决定机制中的作用等方面提出明确指导和要求。随后，各省也就原有市场化分配度不高、工资分配秩序不规范、监管体制不健全等问题做出了全面改革和部署，陆续出台了国有企业工资决定机制改革实施意见和相关配套政策。

（三）促进重点人群提高工资收入水平

十八大以来，党中央坚持"千方百计增加居民收入，实现发展成果由人民共享"理念，为促进各类社会群体提高收入水平，共享发展红利，出台了一系列增收政策，人社领域针对国务院 2016 年印发的《关于激发重点群体活力带动城乡居民增收的实施意见》出台了相关配套落实政策，如科研人员薪酬激励系列政策、提高技能人才薪酬水平政策、混合所有制企业员工持股相关政策等。

（四）健全和完善工资收入分配宏观政策体系

十八大以来，我国工资收入分配宏观政策体系逐步得到健全和完善。作为重要的宏观调控手段和信息支持平台，劳动力市场工资指导线制度、工资指导价位制度、人工成本信息指导制度随着人社部每年在全国范围内组织开展企业薪酬试调查工作的逐步推进得到了进一步的完善。2018 年，人社部和财政部发布《关于建立企业薪酬调查和信息发布制度的通知》，对深化企业工资分配制度改革和完善人力资源市场公共信息服务有重要意义。此外，作为重要的"提低"政策工具，最低工资制度也于 2015 年底开始全面建立最低工资标准评估机制，加强最低工资标准基础数据建设，制度进一步得到完善。

（五）推进机关、事业单位收入分配制度改革

2016 年，国务院下发一系列文件，对机关、事业单位工资制度进行改革，优化工资结构，建立了基本工资标准正常调整机制，并提出进一步落实公务员法要求，建立公务员和企业相当人员工资调查比较制度。同时，在 2015 年底开始试行县级以下公务员职务与职级并行制度后，2016 年进一步扩大试点，解决了基层干部职业发展"天花板"问题。此外，2017 年建立了符合医疗行业特点、体现以知识

价值为导向的公立医院薪酬制度。

第三节 深化国有企业负责人薪酬制度改革

一 国有企业负责人薪酬制度改革的历史背景

党的十八大以来，以习近平同志为核心的党中央亲自谋划、部署和推动国有企业改革，更加注重改革的顶层设计，更加注重改革的系统性、整体性和协同性，国有企业改革取得新的重大进展和历史性成就。国有企业负责人薪酬制度改革，是国有企业改革的重要内容。党中央、国务院高度重视深化国有企业负责人薪酬制度改革。党的十八届三中全会明确提出，要合理确定并严格规范国有企业管理人员薪酬水平。习近平总书记先后主持中央全面深化改革领导小组第四次会议、中央政治局常委会和中央政治局会议，对中央管理企业负责人薪酬制度改革方案进行研究。2014年8月，习近平主持召开中央全面深化改革领导小组第四次会议并发表重要讲话，指出改革开放以来，中央管理企业负责人薪酬制度改革取得积极成效，同时也存在薪酬结构不尽合理、薪酬监管体制不够健全等问题。要从我国社会主义初级阶段基本国情出发，适应国有资产管理体制和国有企业改革进程，逐步规范国有企业收入分配秩序，实现薪酬水平适当、结构合理、管理规范、监督有效，对不合理的偏高、过高收入进行调整。李克强总理在2014年的《政府工作报告》中也明确提出，要加强和改进国有企业负责人薪酬管理，并主持国务院常务会议对中央管理企业负责人薪酬制度改革进行了专题研究。2014年8月29日，中央政治局会议审议通过了《中央管理企业负责人薪酬制度改革方案》。2014年11月，党中央、国务院深化中央管理企业负责人薪酬制度改革，制定相关意见。

二 国有企业负责人薪酬制度改革的主要要求

改革明确了深化中央管理企业负责人薪酬制度改革的指导思想、基本原则和政策措施，对组织实施工作提出了要求。针对国有企业负责人薪酬制度存在的问题，提出要完善薪酬确定机制、合理确定薪酬水平、规范薪酬支付和管理、统筹规范福利性待遇、健全监督管理体制。

三 国有企业负责人薪酬制度改革的成效及意义

改革实行三年的实践表明，国有企业负责人薪酬制度改革取得了显著成效，符合国有企业负责人特点的薪酬制度建立并逐步健全，不合理的偏高、过高收入得到抑制，薪酬水平适当、结构合理、管理规范、监督有效的企业负责人薪酬分配体制基本确立。主要体现在以下四方面：一是国有企业负责人薪酬政策体系得到进一步健全。改革政策发布后，财政、国资及各有关企业主管部门先后出台一系列对国有企业负责人薪酬进行规范的政策文件。财政部印发了《中央金融企业负责人薪酬管理暂行办法》（财金〔2015〕58号），国务院国资委印发了《中央企业负责人薪酬管理暂行办法》（国资发分配〔2015〕83号），银监会、保监会等中央部门对所监管企业也出台了负责人薪酬管理办法或实施方案。国有企业负责人薪酬政策体系更为全面、系统、完整。二是国有企业负责人薪酬过快增长势头得到进一步抑制。国有企业特别是部分中央企业负责人偏高、过高的薪酬得以显著降低，三年多来部分国有企业负责人的超高薪酬较好地得到抑制。三是薪酬激励约束机制得到进一步增强。改革实施后，履行出资人职责机构或企业董事会普遍加强了对国有企业负责人薪酬的监管，企业负责人自定薪酬现象基本没有了，监管部门对所监管国有企业的绩效评价进一步强化。同时，有关部门还出台了《关于合理确定并严格规范中央企业负责人履职待遇、业务支出的意见》等针对国有企业负责人职务消费的相关办法，对社会反应强烈的职务消费加以严格规范。四是负责人薪酬监管体制得到进一步加强。按照改革要求，人力资源和社会保障部会同组织部、财政部、审计署、国务院国资委等部门健全工作机制，完善管理制度，对国有企业负责人薪酬制度实施过程和实施结果进行监督检查，确保政策落地生根。各地区、各部门也建立健全相应的监督管理机制。同时，国有企业承担政策落实的主体责任，健全企业内部监督制度和企业负责人薪酬信息面向社会公开制度，接受职工民主监督和社会公众监督。从近几年国有企业负责人薪酬改革实践看，各有关主管部门的监管对于规范国有企业负责人薪酬管理起到了积极作用。

深化国有企业负责人薪酬制度改革，建立起符合国有企业负责人特点的薪酬制度，具有十分重要的意义。一是有利于进一步健全薪酬分配的激励和约束机制，将物质激励与精神激励结合起来，将薪酬与责任、风险与贡献匹配起来，强化国有企业负责人的责任，增强国有企业发展活力。二是有利于形成国有企业负责人与企业职工之间的合理分配关系，调节不同行业企业负责人之间的薪酬差距，对不合理的偏高、过高收入进行调整，推动形成合理有序的收入分配格局。三是有利于形成正确的价值导向，强化国有企业负责人的政治责任和社会责任，更好地发挥对其他各类企业乃至全社会的引领示范作用。

四　国有企业职业经理人薪酬制度改革探索

关于国有企业职业经理人的政策界定，最早来自党的十八届三中全会《中共中央关于全面深化改革若干重大问题的决定》，决定明确提出"建立职业经理人制度，更好发挥企业家作用"。这是党中央首次从顶层政策设计层面明确建立职业经理人制度。2014年11月5日，中共中央、国务院印发《关于深化中央管理企业负责人薪酬制度改革的意见》，明确提出对中央企业市场化选聘的职业经理人实行市场化薪酬分配机制。2015年8月24日，中共中央、国务院印发《关于深化国有企业改革的指导意见》，进一步明确提出，推行职业经理人制度，实行内部培养和外部引进相结合，畅通现有经营管理者与职业经理人身份转换通道，董事会按市场化方式选聘和管理职业经理人，合理增加市场化选聘比例，加快建立退出机制；对市场化选聘的职业经理人实行市场化薪酬分配机制，可以采取多种方式探索完善中长期激励机制。2018年10月9日，全国国有企业改革座谈会召开，会议明确提出要推行经理层任期制和契约化管理，按照"市场化选聘、契约化管理、差异化薪酬、市场化退出"原则，建立职业经理人制度。之后，部分中央企业在所属子公司开展了职业经理人及其薪酬制度改革试点工作，一些地方也进行了探索。

第四节　改革国有企业工资决定机制

一　国有企业工资决定机制改革的历史背景

为适应我国经济体制改革的进程，自1985年以来，国家对国有大中型企业实行了工资总额同经济效益挂钩办法，企业在提取的工资总额内有权根据职工的劳动情况进行自主分配，一定程度上打破了工资分配的"大锅饭"和平均主义，对促进国有企业提高经济效益和调动广大职工积极性发挥了重要作用。随着社会主义市场经济体制逐步健全和国有企业改革不断深化，现行国有企业工资决定机制已难以适应改革发展的需要，主要存在三方面的问题：一是市场化分配程度不高，国有企业工资分配的主体地位不突出，工资增长只与经济效益指标挂钩且工效联动滞后，没有考虑劳动力市场等因素的影响，内部分配能增能减机制没有完全建立起来。二是工资分配秩序不规范，对各类国有企业一律采取职工工资增长同经济效益增长按比例挂钩办法，导致部分竞争性行业的企业工资增长偏慢、水平偏低，部分主业不属于充分竞争性行业的企业则凭借高额利润而工资增长过快、水平过高，不同行业、企业之间工资分配不合理，差距较大、分配不公问题比较突出。三是监管体制尚不健全。现行工效挂钩办法只在部分国有大中型企业实行，其他国有企业实行不同的工资总额确定机制，管理政策"政出多门"，政府职能部门的指导监督作用未能充分发挥，这些问题不解决，不仅会影响国有企业健康发展，而且会影响社会公平正义。

党中央、国务院高度重视国有企业工资决定机制改革工作。习近平总书记对改革国有企业工资决定机制做出重要指示，李克强总理也对做好这项改革工作提出明确要求。《中共中央、国务院关于深化国有企业改革的指导意见》对建立健全国有企业工资决定和正常增长机制提出了明确要求。党的十九大报告明确提出，坚持按劳分配原则，完善按要素分配的体制机制，促进收入分配更合理、更有序；坚持在经济增长的同时实现居民收入同步增长、在劳动生产率提高的同时实现劳动报酬同步提高。2018年3月28日，习近平总书记主持召开中央全面深化改革委员会第一次会议，审议并原则同意了《关于改革国有企业工资决定机制的意见》（以下简称《意见》），随后，国务院正式印发了该意见，对推进这项改革提出了明确的要求。2018年10月9日，全国国有企业改革座谈会召开，会议明确提出要切实落实和维护董事会依法行使重大决策、选人用人、薪酬分配等权力；要加快工资总额管理制度改革，统筹用好员工持股、上市公司持股计划、科技型企业股权分红等中长期激励措施，充分调动企业内部各层级干部职工积极性。

二　国有企业工资决定机制改革的主要内容

《意见》以国有企业工资总额决定机制为重点，兼顾企业内部职工工资决定机制，坚持工资分配市场化改革方向，明确了改革的指导思想、基本原则和政策措施，对组织实施工作提出了要求。

（一）关于改革的总体要求

《意见》明确，改革国有企业工资决定机制要全面贯彻党的十九大精神，以习近平新时代中国特色社会主义思想为指导，坚持以人民为中心的发展思想，牢固树立和贯彻落实新发展理念，按照深化国有企业改革、完善国有资产管理体制和坚持按劳分配原则、完善按要素分配体制机制的要求，以增强国有企业活力、提升国有企业效率为中心，建立健全与劳动力市场基本适应、与国有企业经济效益和劳动生产率挂钩的工资决定和正常增长机制，完善国有企业工资分配监管体制，充分调动国有企业职工的积极性、主动性和创造性，进一步激发国有企业创造力和提高市场竞争力，推动国有资本做强、做优、做大，促进收入分配更合理、更有序。通过改革，完善既有激励又有约束、既讲效率又讲公平、既符合企业一般规律又符合国有企业特点的分配机制。具体要求有四个方面：一是改革要符合建立现代企业制度的方向。坚持所有权和经营权相分离，进一步确立国有企业的市场主体地位，发挥企业党委（党组）领导作用，依法落实企业分配自主权，发挥企业内部治理机制的作用，建立与中国特色现代化国有企业制度相适应的工资分配制度。二是改革要突出工资分配的市场化。充分发挥市场在国有企业工资分配中的决定性作用，遵循社会主义市场经济的价值规律和竞争规律，健全职工工资与经济效益同向联动、能增能减的机制，实现职工工资水平与劳动力市场价位相适应、与增强企业市场竞争力相匹配，形成灵活高效的市场化分配机制。三是改革要兼顾效率与公平、体现社会公平正义。强化政府对国有企业工资分配的宏观指导和调控作用，处理好不同行业、不同企业和企业内部不同职工之间的工资分配关系，调节过高收入，规范收入秩序，促进收入分配更合理、更有序。四是改革要坚持分类分级管理。根据国有企业的功能性质定位、行业特点和法人治理结构完善程度，实行工资总额的分类管理；按照企业国有资产产权隶属关系，健全工资分配分级监管体制，落实政府职能部门和履行出资人职责机构的分级监管责任。

（二）关于改革的重点任务

《意见》主要围绕国有企业工资总额分配，对决定机制、管理方式和监管体制机制进行了改革完善，使国有企业工资决定机制更加符合中国特色社会主义市场经济规律和企业发展规律，包括四方面重点改革任务。

第一，改革工资总额决定机制。这是国有企业工资决定机制改革的核心任务。一是改革工资总额确定办法。《意见》改革了过去国有企业工资总额增长同经济效益单一指标挂钩的办法，要求统筹考虑国家工资收入分配宏观政策要求、企业发展战略和薪酬策略、生产经营目标和经济效益、劳动生产率提高和人工成本投入产出率、职工工资水平等一揽子因素，结合政府职能部门发布的工资指导线，合理确定工资总额。二是完善工资与效益联动机制。《意见》提出确定国有企业工资总额要统筹考虑一揽子因素，并不意味着弱化企业经济效益在确定工资总额中的作用，国有企业的企业属性决定了必须以创造经济效益、提升市场竞争力为主要目标，经济效益始终是决定工资分配的核心因素。为此，《意见》坚持效益导向，进一步完善了工资与效益联动机制，使经济效益好、劳动生产率高的企业工资可以相应多增；

反之，则工资相对少增、不增甚至下降，真正实现工资总额与经济效益同向联动、能增能减，切实扭转部分企业工资与效益增长不匹配的状况，确保工资水平与企业经济效益相适应。三是建立市场对标机制。《意见》提出确定国有企业工资总额时，要加强企业人工成本投入产出率和职工工资水平与市场的对标，人工成本投入产出率高的、工资水平合理的企业，其工资可以相对多增；反之，则工资相对少增，从而使职工工资水平更好地与劳动力市场竞争力相匹配，解决目前国有企业工资分配中一定程度存在的职工工资该高不高、该低不低的问题。

第二，改革工资总额管理方式。这是改革的重要内容。《意见》对政府有关部门每年核定国有企业上年度工效挂钩方案的做法进行了改革，采取工资总额预算管理办法，预算方案由企业自主编制，进一步确立了企业的工资分配主体地位，实现了工资总额预算与生产经营预算同步安排、与经济效益增长目标相适应。同时，明确工资总额预算一般按年度进行管理，提出对行业周期性特征明显、经济效益年度间波动较大或存在其他特殊情况的企业，可以探索按最长不超过三年的周期进行管理，使预算管理更加符合企业生产经营特点和管理实际。

第三，完善企业内部工资分配管理。这是改革的配套措施。《意见》在坚持落实国有企业内部薪酬分配法定权力的基础上，要求企业建立健全内部工资总额管理办法，指导所属企业科学编制工资总额预算方案，逐级落实执行责任。强调企业集团总部职工平均工资增长幅度原则上应低于本企业全部职工工资增长幅度。同时，《意见》对深化内部分配制度改革提出了指导意见，要求企业建立健全以岗位工资为主的基本工资制度，使工资分配向关键岗位、生产一线岗位和紧缺急需的高层次、高技能人才倾斜，合理拉开工资分配差距，调整不合理过高收入；要加强全员绩效考核，切实做到工资水平能增能减。对规范企业工资列支渠道，严格清理规范工资外收入也提出了原则性的要求。

第四，健全工资分配监管体制机制。这是改革的重要保障。《意见》将坚持增强国有企业工资分配活力与加强监管相统一，进一步理顺了政府职能部门和履行出资人职责机构的监管责任，对创新和加强工资分配的事前引导、事中监控和事后监督做出了系统规定，有利于更好地形成监管合力。一是加强和改进政府对国有企业工资分配的宏观指导调控。明确人力资源和社会保障部门会同有关部门承担对国有企业工资分配宏观调控、信息服务、监督检查等职责，定期发布劳动力市场工资价位、行业人工成本信息、工资指导线和非竞争类国有企业职工工资增长调控目标，引导国有企业合理确定职工工资水平。二是落实履行出资人职责机构的国有企业工资分配监管职责。明确履行出资人职责机构和其他企业主管部门对所监管企业的工资总额预算方案进行备案或者核准，对执行情况进行动态监控，对执行结果进行清算，按年度将所监管企业工资总额预算执行情况报同级人力资源和社会保障部门。三是完善国有企业工资分配的监督机制。明确强化企业内部监管，落实国有企业董事会、监事会对工资分配事项的决定权和监督责任，定期将工资收入分配情况向职工公开，接受职工监督。强化社会监督，履行出资人职责机构、其他企业主管部门、国有企业每年要定期将企业工资总额和职工平均工资水平等相关信息向社会公开披露。强化行政监督，由人力资源和社会保障部门会同财政、国资等部门，定期对国有企业执行国家工资收入分配政策情况开展监督检查，及时查处违规发放工资、滥发工资外收入等行为，并明确了对违规行为的处理措施。

（三）关于实行分类改革

我国国有企业行业分布广泛，企业之间功能性质定位、行业特点差异较大，企业改革的进展也不平衡，对国有企业工资总额实行分类管理，是这次改革的一个突出特点。一是对企业工资增长实行分类调控。《意见》允许符合条件的企业特别是主业处于充分竞争行业和领域的企业，工资总额增长最高可与经济效益增长同步；对主业不处于充分竞争行业和领域的企业，则继续实行工资总额和工资水平双重调控，从而有利于统筹处理好不同行业、不同企业之间的工资分配关系，既保证国有企业职工更好地分享企业发展成果和改革红利，又有效调节过高收入，规范工资分配秩序。二是对工效联动指标实行分类设置。《意见》要求根据企业功能性质定位、行业特点，按照竞争类、功能类、公益类、金融类、文化类等不同功能类别，分类科学设置联动指标，使国有企业经营业绩考核更加符合企业实际，有利于鼓励企业进一步聚焦主责主业，搞好经营管理，引领企业自觉履行经济责任、政治责任和社会责任。三是对工资总额预算实行分类管理。《意见》改革了监管部门单一的审核制管理办法，提出根据国有企业功能性质定位、行业特点和法人治理结构完善程度，分别实行工资总额预算备案制和核准制。市场竞争越充分、内控机制越健全的企业，拥有的工资分配自主权越充分，使改革更好地体现建立中国特色现代国有企业制度的要求，有利于倒逼国有企业加快改革步伐、提升公司治理水平。

三 国有企业工资决定机制改革的意义

改革国有企业工资决定机制，加快建立健全既符合市场一般规律又体现国有企业特点的工资分配机制，具有十分重大的意义。

第一，这是完善社会主义市场经济体制的必然要求。在国有企业工资分配中更好地遵循市场经济规律和企业发展规律，创新和完善政府宏观指导调控，推动形成与社会主义市场经济相适应的工资分配机制，有利于充分发挥市场在资源配置中的决定性作用，更好地发挥政府的作用。

第二，这是完善中国特色现代国有企业制度的内在要求。坚持政企分开、政资分开、所有权和经营权分离，进一步确立国有企业的市场主体地位，依法落实企业工资分配自主权，发挥公司法人治理结构的有效制衡作用，有利于激发企业内生动力和提高企业市场竞争力，促进企业持续健康发展。

第三，这是深化收入分配制度改革的重要任务。在国有企业工资分配中坚持按劳分配原则，完善按劳动要素贡献分配的体制机制，规范工资收入分配秩序，实现劳动报酬增长与劳动生产率提高同步，有利于兼顾效率和公平，促进收入分配格局合理有序，维护社会公平正义。

第四，改革国有企业工资决定机制意见出台是国有企业收入分配领域的一次重大制度创新。一是有效构建起国有企业工资分配的分类决定机制。《意见》提出根据国有企业功能定位、行业特点和法人治理结构完善程度，实行工资总额分类管理。建立差异化的工资决定机制，全面实行预算管理方式。这高度契合了现阶段分类推进国有企业改革发展的内在要求，有利于推动国有企业进一步同市场经济深度融合，有利于促进国有企业社会效益和经济效益有机统一，有利于更好地发挥各类国有企业在经济社会发展中的功能作用。二是进一步完善市场在工资分配中的决定性作用。《意见》改变过去国有企业工资总额增长同经济效益单一指标挂钩的办法，强调人工成本投入产出效率和职工工资水平的市场对标。工资水平是否合理，由市场起决定性作用，使得国有企业职工工资决定更加符合市场经济规律，更加符合企业发展规律。三是进一步赋予企业更大的内部分配自主权。《意见》全面贯彻落实党中央、国务院关于放管服改革的总要求，明确国有企业工资总额预算由企业自主编制，尤其是提出对于主业属于充分竞争行业和领域的商业类国有企业工资总额预算原则上实行备案制管理。这一系列改革措施有利于真正确立国有企业的市场主体地位，有利于进一步落实企业内部薪酬分配自主权，有利于不断增强企业内在活力和市场竞争力。四是进一步完善市场决定与政府监管相结合的体制机制。《意见》按照政企分开、政资分开的原则，提出全面构建政府部门宏观指导、出资人监督管理、企业自主决策的"三位一体"的管理调控机制。在充分尊重企业市场主体地位、确保企业依法依规自主决定内部工资分配的同时，更好地发挥政府对国有企业工资分配的宏观指导作用，改进和加强出资人机构事前引导和事后监督机制，确保各司其职、运转有效。

第五节　促进重点人群提高工资收入水平

党的十八大报告指出，必须坚持走共同富裕道路。共同富裕是中国特色社会主义的根本原则，并提出千方百计增加居民收入，实现发展成果由人民共享理念。为促进各类社会群体依靠自身努力和智慧，创造社会财富，共享发展红利，党和国家针对部分增收潜力大、带动能力强的群体制定了一系列增收措施，营造公开公平公正的体制机制和竞争环境，培育和扩大中等收入群体，推动形成合理有序的收入分配格局，带动城乡居民实现总体增收。

一　政策出台的背景

（一）扩大中等收入群体比重、实现共同富裕成为收入分配制度改革新的目标要求

改革开放以来，我国经济社会迅速发展，人民生活水平日益提高，同时也出现了收入差距扩大趋势。党的十六大报告首次提出以共同富裕为目标，扩大中等收入者比重，提高低收入者收入水平。"十一五""十二五"规划纲要、多个《政府工作报告》以及2013年国务院批转的《关于深化收入分配制度改革的若干意见》，均将增加低收入群体收入，扩大中等收入群体比重，调节垄断企业、国有企业和金融机构高管的过高收入，缩小收入差距作为收入分配制度改革的总体要求和目标。在此基础上，党的十八大提出要千方百计增加居民收入，改革收入分配制度、促进共同富裕；党的十八届三中全会提出要形成合理有序的收入分配格局，十八届五中全会更是提出了在提高发展平衡性、包容性、可持续性的基础上，到2020年国内生产总值和城乡居民人均收入比2010年翻一番的定量目标，对于促进居民收入增长、调整收入分配格局提出了更高的要求。2016年5月，习近平总书记主持召开中央财经领导小组第十三次会议时强调了扩大中等收入群体的重大意义以及基本路径。党的十九大则更加旗帜鲜明地提出到2035年"中等收入群体比例明显提高"，这是在我国发展进入新时代背景下党中央提出的收入分配制度改革的重要任务。

（二）经济进入新常态，增加居民收入、培育和发展中等收入群体任务难度加大

十八大以来，通过一系列"提低""扩中""调高"的措施，城乡居民收入快速增长，收入分配差距拉大趋势得到遏制。根据国家统计局公布数据，2012年到2016年，中国城镇居民人均可支配收入从24564.7元增长到33616.2元[①]，农村居民人均可支配收入从7916.6提高到12363.4元[②]，分别增长了0.37倍和0.56倍；城乡居民收入

[①]　《2017中国统计年鉴》。
[②]　《2017中国统计年鉴》。农村居民人均可支配收入在2012年以前为农村居民人均纯收入。

倍数从 3.1 下降到 2.72；基尼系数从 0.474 下降到 0.465[1]，收入差距总体呈现下降趋势。2014 年以来我国经济运行的新常态特征日趋明显，动能转换、结构调整等任务艰巨。受国内外多重因素影响，经济下行压力也向收入分配领域传导。在这种背景下，既要降低经济运行成本、保持经济中高速增长，又要提高居民收入、不断增进人民福祉，实现居民收入增长和经济发展同步、劳动报酬增长和劳动生产率提高同步，任务难度非常大；同时，部分劳动者人力资本积累不足，出现增收困难的趋势。

二 促进重点人群增收的主要措施

为实现十八大提出的居民增收目标和形成合理有序分配格局的任务要求，针对上述提到的实际困难以及部分收入分配政策指向宽泛、聚焦不够等问题，2016 年 10 月，国务院制发《关于激发重点群体活力带动城乡居民增收的实施意见》（国发〔2016〕56 号），瞄准技能人才、新型职业农民、科研人员、小微创业者、企业经营管理人员、基层干部以及有劳动能力的困难群体这七大群体，深化收入分配制度改革，推出差别化收入分配激励政策。具体包括以下几个方面。

实施技能人才激励计划和职业技能提升行动，通过完善技术工人薪酬激励机制，贯通职业资格、学历等认证渠道，营造崇尚技能的社会氛围，满足不同层次人才的需求，从薪酬待遇、职业发展和社会认同等角度全方位激励技能人才。

实施新型职业农民激励计划，加快农民职业化进程，带动广大农民共享现代化成果。通过加强职业培训提高新型职业农民增收能力；采用技术、信贷服务和政策支持加快农业农村经济发展，挖掘现代农

---

[1] 中国网财经 1 月 20 日讯．http://finance.china.com.cn/roll/20170120/4077333.shtml.

业增收潜力；培育新型农业经营主体和农业社会化服务主体，推进农村集体资产股份权能改革试点和农村土地征收、集体经营性建设用地入市、宅基地制度改革试点，拓宽新型职业农民增收渠道。

实施科研人员激励计划。通过完善工资水平决定机制，改进科研项目及其资金管理，健全科研人员的绩效评价和奖励机制，对科研人员实行以增加知识价值为导向的激励机制，提高科研人员成果转化收益分享比例，通过工资性收入、项目激励、成果转化奖励等多重激励引导科研人员潜心研究工作，激发科技创新热情。

实施小微创业者激励计划，进一步降低创业成本，健全创新创业成果利益分配机制，引导和支持小微创业者在"双创"中实现创收致富。深化商事制度改革，放宽新注册企业场所登记条件限制，优化审批流程，清除创业壁垒，提升创业参与率；加大政策和就业服务扶持力度，提高创业成功率；探索创业成果利益分配机制，进一步完善创新型中小企业上市股权激励和员工持股计划的制度规则，研究完善商业模式知识产权保护制度和金融服务机制。

实施企业经营管理人员激励计划，依法保护产权，进一步稳定预期、优化环境，激发企业家创业热情。完善国有企业经营管理人员激励方式，研究制定在国有企业建立职业经理人制度的指导意见，采取多种方式探索完善中长期激励机制；稳妥有序推进混合所有制企业员工持股试点；消除各种隐性壁垒，坚持依法平等保护，增加普惠性政策，促进公平竞争，强化民营企业家创业激励。

实施基层干部激励计划。完善工资和津贴补贴制度，提高基本工资比重，落实基本工资和艰苦边远地区津贴标准正常调整机制，实施地区附加津贴制度，实现同城同待遇。健全差别化激励机制，建立健全公务员绩效考核体系，完善公务员奖金制度和公务员职务与职级并行制度，强化省级政府统筹调控责任，赋予地方一定的考核奖励分配权。明确福利标准和保障范围，规范改革性补贴，推进公务员职务消费和福利待遇货币化改革。

三 政策配套及落实情况

为落实十八大，十八大三中、五中全会精神和十九大要求，国务院及有关部门、部分地区先后发布了与《关于激发重点群体活力带动城乡居民增收的实施意见》相配套的系列政策措施，激发重点人群的增收活力，带领和促进各类社会群体共享社会发展成果。

自中共中央、国务院《关于深化中央管理企业负责人薪酬制度改革的意见》（中发〔2014〕12号）开始实施后，有关部门抓紧研究制定在国有企业建立职业经理人制度的指导意见，完善中央企业经营管理人员股权激励办法，探索完善中长期激励机制。2015年《中共中央、国务院关于深化国有企业改革的指导意见》（中发〔2015〕22号）下发后，2016年，国务院国有资产监督管理委员会、财政部以及中国证券监督管理委员会联合印发《关于国有控股混合所有制企业开展员工持股试点的意见》（国资发改革〔2016〕133号），对试点企业条件、持股员工范围、出资方式、持股比例、股权流转分红等做了详细规定。首批试点在2016年已经启动实施，2018年底进行阶段性总结，视情况适时扩大试点。

有关科研人员激励计划的系列文件陆续出台，在科技成果转化、科研项目资金管理、职称评定、人事制度等各个方面为事业单位科研人员松绑，引导科研人员潜心研究工作，激发科技创新热情。在完善科研人员工资水平决定机制方面，卫生、教育两大系统事业单位绩效工资改革基本完成；建立体现行业特点的高校、科研机构薪酬调查比较制度已经启动研究工作。在科技成果转化奖励方面，2015年修订的《中华人民共和国促进科技成果转化法》中规定，以科研院所的研究成果入股企业，科研团队可占50%左右的股权比例，剩下的50%归科研人员所在国有科研单位所有，并在职务科技成果转让、实施转化成功投产后，提取转让净收入或利润对做出重要贡献的科研人员进行奖励；该法还对科研人员以科技成果作价投资、折算股份做出了规定。2018年财政部、国家税务总局、科技部联合下发《关于科技人员取得职务科技成果转化现金奖励有关个人所得税政策的通知》（财税〔2018〕58号），对依法批准设立的非营利性研究开发机构和高等学校（以下简称非营利性科研机构和高校）根据《中华人民共和国促进科技成果转化法》的规定，从职务科技成果转化收入中给予科技人员的现金奖励，可减按50%计入科技人员当月"工资、薪金所得"，依法缴纳个人所得税。在人才评价机制方面，2017年1月，中共中央办公厅、国务院办公厅印发《关于深化职称制度改革的意见》，整合职称系列，对所有职称系列均设置到正高级；分系列修订职称评价标准，合理设置职称评审中的论文和科研成果条件，淡化论文数量要求，突出评价专业技术人才的业绩水平和实际贡献；创新职称评价体制，丰富职称评价方式，推进职称评审社会化。在人才使用机制方面，2017年3月，人力资源和社会保障部出台《关于支持和鼓励事业单位专业技术人员创新创业的指导意见》（人社部规〔2017〕4号），支持和鼓励事业单位选派专业技术人员到企业挂职或参与项目合作，支持和鼓励事业单位专业技术人员兼职创新、在职创办企业和离岗创新创业。在改进科研项目及资金管理方面，继2014年《国务院关于改进加强中央财政科研项目和资金管理的若干意见》后，2016年7月，中共中央办公厅、国务院办公厅印发《关于进一步完善中央财政科研项目资金管理等政策的若干意见》，改进预算编制方法，简化预算编制，下放预算调剂权限；提高间接费用比重，取消绩效支出比例限制，加大绩效激励力度；明确劳务费开支范围，不设比例限制，改进结转结余资金留用处理方式，允许由项目承担单位在 2 年内统筹安排用于科研活动的直接支出等。在实践领域，包括中国科学院在内的部分科研机构、高校和医院等事业单位已经对引进学科带头人和拔尖人才探索实施科技成果转化奖励、年薪制和协议工资制度。2016 年 8 月，中国科学院制定了《关于新时期加快促进科技成果转移转化指导意见》，明确科技成果转移转化所获得的收入全部留归单位，院属单位应依法纳入单位预算，合理支配转化收益。扣除对完成和转化职务科技成果做出重要贡献人员的奖励和报酬后，应当主要用于科学技术研发与成果转化等相关工作。建立科技成果转化情况分级报告制度，实施分类评价与考核，将科技成果转移转化情况作为对相关院属单位评价与考核的重要内容。允许科技人员在适当条件下兼职从事科技成果转移转化，并在兼职中取得合理报酬。各单位应书面约定兼职人员的权利义务，兼职人员须如实将兼职收入报单位备案，按规定缴纳个人所得税。健全转移转化人才评价体系，突出市场评价和绩效奖励，实现技术转移人才价值与转移转化的绩效相匹配，在资产管理、考核评价、人员管理、条件保障等方面做出规定，推动一批基础好、见效快、带动性强的重大科技成果转化应用，建立以知识产权为核心的科技成果管理体系，培养培训科技成果转移转化专业人才队伍，增强科技成果转化能力，促进经济社会效益明显增长。河北省师范大学 2018 年出台《在职人员协议工资制方案（试行）》《专业技术二、三级岗位人员协议工资制方案（试行）》，对部分关键岗位、高层次人才、业务骨干和做出突出成绩的在职人员在一定期限内实施协议工资制，提高了奖励性绩效工资。部分中央机关所属科研型事业单位已经在探索制定具体的制度方案，实施科研人员科技成果转化奖励。

在拓展技能人才职业发展通道、完善薪酬激励机制、提高技能人才薪酬待遇方面也取得明显进展。2017年，中共中央、国务院印发了《新时期产业工人队伍建设改革方案》，党的十九大报告提出建设知识型、技能型、创新型劳动者大军，弘扬劳动光荣社会风尚和精益求精敬业风气，实施人才强国战略和创新驱动发展战略，明确要求切实提高技能人才待遇。2018年3月，中共中央办公厅、国务院办公厅印发《关于提高技术工人待遇的意见》，从薪酬待遇、人才培养、评价、选拔等各个环节全面改善技术工人待遇水平。在提高收入水平方面，实施技术工人工资激励计划，强化工资收入分配制度的技能价值激励导向，提高技术工人工资待遇和津贴水平，建立企业技术工人工资正常增长机制，探索技术工人长效激励机制，制定企业技术工人技能要素和创新成果按贡献参与分配办法，推动技术工人享受促进科技成果转化的有关政策。其中，对于技术工人中的高技能领军人才，还鼓励企业制定职业发展规划和年资（年功）工资制度，试行年薪制和股权期权激励，鼓励设立特聘岗位津贴、带徒津贴等，参照高级管理人员标准落实经济待遇，对高技能领军人才参与国家科技计划项目的，鼓励所在单位根据其实际贡献给予绩效奖励。此外，该文件还就加强终身职业技能培训、强化技术工人评价、畅通工人成长成才通道、完善技术工人平等享受待遇政策等提出了比较具体的要求。2018年5月，国务院发布《国务院关于推行终身职业技能培训制度的意见》（国发〔2018〕11号），以建立并推行覆盖城乡全体劳动者、贯穿劳动者学习工作终身、适应就业创业和人才成长需要以及经济社会发展需求的终身职业技能培训制度，实现培训对象普惠化、培训资源市场化、培训载体多元化、培训方式多样化、培训管理规范化为任务目标，大规模开展高质量的职业技能培训，力争2020年后基本满足劳动者培训需要，努力培养造就规模宏大的高技能人才队伍和数以亿计的高素质劳动者。据悉，技能人才职业资格、职业技能等级与相应职称比照认定制度也即将出台。

除上述顶层制度设计外，自 2017 年起，国家已经在部分省份组织开展深化城乡居民增收综合配套政策试点、专项激励计划和收入监测试点、开展土地经营权入股发展农业产业化经营试点、中央企业职业经理人薪酬制度改革试点。扩大公立医院薪酬制度改革试点范围，为收入分配体系建设积累可复制可推广的经验做法。2017 年九部委下发《关于开展城乡居民增收综合配套政策试点以及专项激励计划和收入监测试点的通知》，选择河北省、贵州省、青岛市等 3 个地方开展城乡居民增收综合配套政策试点，选择 17 个地方或单位开展专项激励计划和收入监测试点，其中山东省平度市、贵州省黔东南州凯里市等开展新型职业农民激励计划试点，山东省新泰市等开展企业经营管理人员激励计划试点，贵阳市清镇市等获批开展小微创业者激励计划试点。

在地方层面，除试点地区外，2017 年以来，重庆、江苏、宁夏、甘肃、云南、内蒙古、广东、浙江、青海等省份结合地区实际情况，陆续出台了工作方案，明确了本省份任务目标和具体职责分工，并结合地区发展实际情况，细化相关举措，落实党和国家针对七大重点人群的激励计划。如广东省政府 2017 年 1 月印发《广东省关于激发重点群体活力带动城乡居民增收的工作方案》，提出宏观收入分配格局持续优化，力争到 2018 年，居民可支配收入占地区生产总值的比重达 42.4%，到 2020 年达 43%；城镇就业规模逐步扩大，"十三五"期间城镇新增就业人数 550 万，到 2018 年全员劳动生产率达 14.5 万元/人，到 2020 年达 17 万元/人的具体量化任务目标。在细化《国务院关于激发重点群体活力带动城乡居民增收的实施意见》中七大群体激励计划和六大支撑行动基础上，广东省另外增加了区域城乡协调发展行动，并在落实高技能人才可申报专业技术资格政策、允许公益二类事业单位从市场化收益中提取一定比例用于人员激励并适当核增绩效工资总量等政策上有所突破。湖北省政府2017年10月印发《湖北省激发重点群体活力带动城乡居民增收实施方案》，除明确"十三五"期间全省城镇新增就业350万人，转移农业劳动力200万人等具体工作目标外，在实施技能人才激励计划、新兴职业农民激励计划和科研人员激励计划等方面根据本省实际情况制定了更加具体的政策措施，并明确了责任单位。例如，在实施技能人才激励计划中，湖北省明确鼓励企业建立首席技师制度，并按月发放技能津贴。实行普通技工学校、高级技工学校、技师学院与中职学校同等学力待遇，将符合条件的技师学院纳入高等教育序列。全面放开对高校毕业生、技术工人、职业院校毕业生、留学归国人员的落户限制，鼓励各地对重点领域紧缺的技术工人在城市落户、购租住房、子女上学等方面予以支持，从拓展人才发展通道、提高人才社会待遇、贯通学历待遇等多方位切实提高技术工人待遇。在实施新兴职业农民激励计划中，则提出完善返乡创业公共服务，依托基层就业和社会保障服务平台，及时将创业农民工等人员纳入社保、住房、教育、医疗等公共服务范围，做好返乡人员创业服务、社保关系转移接续等工作，确保其各项社保关系顺畅转移接入。推动政策性农业保险提质增效，鼓励发展农业互助保险，完善利益联结机制，允许将财政资金特别是扶贫资金量化到农村集体经济组织和农民，以自愿入股方式投入新型农业经营主体，让农户共享发展收益等非常具体的政策措施，将党和国家文件精神落到实处。在实施科研人员激励计划中，湖北省直接规定放宽对高校、科研机构绩效工资总量的调控，由单位自主决定绩效工资分配。高校、科研机构对科研人员的科技成果转化收益、科研劳务收入以及省级财政科技资金用于科研人员的绩效支出，不纳入绩效工资总量。对在湖北省工作的中国科学院院士、中国工程院院士，国家和省"千人计划""万人计划""长江学者""百人计划""楚天学者计划"入选者，以及高校、科研机构引进的高层次人才可实行协议工资、项目工资或年薪制，薪酬不纳入绩效工资总额。在清除创业壁垒，提升小微创业者创业热情方面，则明确提出要推行互联网＋工商登记注册，并承诺在2017年底前在全省实现企业登记网上申报、网上审核、网上发照。贵州省则立足本省实际，坚持全面推进和专项试点相结合的原则。既全面贯彻落实国家收入分配政策措施，深入开展城乡居民增收综合配套政策试点，也因地制宜选择有一定基础、条件成熟的单位（地区）开展专项激励计划和收入监测试点。在实施技能人才激励计划方面，自我加压，制定出健全技能人才多元化评价机制和完善职业资格、学历等认证渠道的时间表：2018年修订完善湖北省职业技能标准等级设置方案。对取得工程技术类高级工、预备技师职业资格证书的技工院校毕业生，按大专、本科学历参加专业技术职称申报评审。其他技工学校毕业生，按中专学历参加专业技术职称申报评审。鼓励企业对取得相应等级职业资格证书并受聘于高级工、技师、高级技师岗位的技能人才，按照本单位助理工程师、工程师、高级工程师给予相应福利待遇。2019年选择1~2家省属国有企业率先建立首席技师制度，在试点企业评聘首席技师，并享受相应待遇。2018年出台实施职业资格与学历可比照认定办法。取得高级工、预备技师职业资格证书的高级技校或技师学院全日制毕业生，在应征入伍、参加公务员招考、企事业单位招聘、确定工资起点标准等方面，分别享受全日制大专、本科毕业生相应政策待遇及就业补贴政策。

技术工人是我国产业工人的重要组成部分，也是实施创新驱动发展战略不可或缺的宝贵人才资源，高技能领军人才更是各地区目前争抢的重要人才之一。为落实《新时期产业工人队伍建设改革方案》《国务院关于激发重点群体活力带动城乡居民增收的实施意见》《关于提高技术工人待遇的意见》等文件精神，新疆、辽宁等地率先出台文件，着力提高技术工人收入水平，完善工资正常增长机制，拓宽收入渠道，加大培养培训力度，优化社会环境，全面改善技术工人待遇水平。新疆印发《关于提高技术工人待遇的实施意见》，对高技能领军人才和技术工人的经济待遇、政治待遇、社会待遇、人才评价与培养等方面提出了更加具体的政策措施，包括：对于解决重大工艺技术难题和重大质量问题、技术创新成果获得省部级以上奖项、"师带徒"业绩突出的高技能领军人才，取消学历、年限等限制，破格晋升技术等级。要求每2年组织一次高技能领军人才国情区情研修考察，面向社会进行咨询服务等活动。要求国有企业工资总额分配要向高技能人才倾斜，高技能人才人均工资增幅应不低于本单位管理人员人均工资增幅。在全区推动100家企业开展技能人才自主评价认定试点工作，引导和支持企业自主开展技能水平评价并落实待遇。辽宁省《关于进一步提高技术工人待遇的实施意见》，也要求国有企业工资总额分配要向高技能人才倾斜，高技能人才人均工资增幅应不低于本单位管理人员人均工资增幅；同时直接明确"在高级技师的基础上新增设立工匠技师和'辽宁工匠'两个等级层次"，优化职业技能标准等级设置，拓宽技术工人晋升通道；鼓励企业对在聘的高级工、技师、高级技师（含企业自主评聘的工匠技师）在学习进修、岗位聘任、职务职级晋升等方面，比照助理工程师、工程师、高级工程师等相应层级工程技术人员享受同等待遇；明确高技能领军人才子女参加各类招生入学考试的，按照招生考试管理政策，在同等条件下优先录取。

四　促进重点人群增收政策的意义

中等收入群体被称作社会的"稳定器"、分配的"晴雨表"，中等收入群体的比例越大，社会的稳定性就越强，收入分配的公平性也越高，产生矛盾的概率就越小。随着"控高提低稳中"工作不断深入，收入分配秩序不断规范，收入分配水平不断提高，中国正朝着形成"橄榄型"收入分配格局的目标迈进。2017年底召开的中央经济工作会议，在总结党的十八大以来我国经济发展取得的历史性成就和发生的历史性变革时，提出中国已形成了世界上人口最多的中等收入群体。这意味着，过去近四十年，中国在成功减少近3亿贫困人口的同时，使3亿多人口步入中等收入群体行列。我国目前中等收入群体在绝对数量上已成为全球最大，但是与发达国家相比，仍然存在较大的差距，主要表现为：一是中等收入群体占全部人口的比重还不高。发达国家中等收入群体占比普遍超过50%，属典型的"橄榄型"分配结构。我国虽然人口规模很大，但总体结构还属于"宝塔型"，有的地方还可能是"倒金字塔型""哑铃型"，中低收入群体比例偏高，要想步入"橄榄型"分配结构，还需要付出巨大的努力。二是收入来源单一，财产性收入、经营性收入比重低，增长慢。三是群体稳定性差，支出压力大，容易向下滑入低收入行列。四是在地区间、行业间、群体间分布不均衡，主要集中在城市、部分行业。其中，各类企事业单位的中高层经营管理人员，科研人员、医生、记者、律师、教师等专业技术人员和部分中高级技术工人构成中等收入群体的主体，部分经营稳定的私营业主、个人工商户也是目前中等收入群体的重要组成部分。广大农民、基层公务员、普通劳动者和农民工群体则是中等收入群体的后备军。

2016年5月，习近平总书记在主持召开中央财经领导小组第十三次会议时强调了扩大中等收入群体的重大意义——关系全面建成小康社会目标的实现，是转方式调结构的必然要求，是维护社会和谐稳定、国家长治久安的必然要求，提出要扩大中等收入群体必须保持宏观经济稳定，弘扬勤劳致富精神，必须完善收入分配制度，处理好政府、企业、居民三者分配关系，必须强化人力资本，发挥好企业家作用，健全现代产权制度，加强对非公有制经济产权的保护。

《国务院关于激发重点群体活力带动城乡居民增收的实施意见》以及相继出台的配套法规、政策和地方试点工作方案，多项政策多管齐下，努力拓展增收渠道，增加工资性收入、经营性收入、转移性收入和居民财产性收入；坚持促增收与降成本相结合；体现增加薪资报酬、强化权利保护、优化评优奖励、提升职业技能等多种激励方式相结合原则；同时，通过推进商事制度改革、消除各种隐性壁垒、增加普惠性政策，助力各类市场主体轻装上阵、平等竞争，将居民收入提高建立在就业扩大、经济质效提升、劳动生产率提高、企业综合成本降低的基础上；政策在初次分配中鼓励全体劳动者通过诚实劳动、辛勤劳动、创造性劳动创收致富，同时完善税收、社会保障等再分配调节手段，规范收入分配秩序，切实保障困难群众基本生活，有效抑制通过非市场因素获利，不断缩小不同群体间的收入差距。在实现全面建成小康社会目标的决胜阶段，激发重点群体活力、扩大中等收入群体比重的系列政策有效强化了收入分配政策激励导向，针对增收潜力大、带动能力强的部分群体分类施策、精准施策，得到了广大居民的热烈拥护，有利于不断激发全体劳动者的积极性、主动性、创造性，实现经济增长与居民增收互促共进；有利于提高全体人民的获得感，有利于促进实现全面建成小康社会的任务目标，有利于凝聚各方力量、顺利实现十九大提出的各项任务目标。

按照党的十九大报告要求，未来15年，还要使中等收入群体比例明显提高，收入分配制度改革将继续树立以人民为本的共享发展理念，以共同富裕为目标，精准施策，拓展收入渠道，实现各类劳动者群体收入持续增长，要在医疗、卫生、教育、住房等方面加大改革力度，使体制更合理、机制更规范，切实减少广大居民的后顾之忧，稳定现有中等收入群体规模，提高后备军群体的收入，从而不断提高中等收入群体比例，改善收入分配格局，增强中等收入群体的获得感、幸福感，为高质量发展奠定良好的基础。

第六节　积极稳慎推进机关、事业单位
收入分配制度改革

党的十八大以来，我国提出了创新、协调、绿色、开放、共享的发展理念。新的发展理念成为指导机关、事业单位工资收入分配制度改革的目标引领、根本要求和评价标准。贯彻落实创新的要求，使机关事业单位的分配制度改革适应新情况、新变化，实现思路、理念、方式方法和制度机制的创新；贯彻落实协调的要求，注重各级机关、事业单位工作人员的平衡协调，注重队伍建设物质层面和精神层面的平衡协调，注重机关、事业单位工作人员与其他人员的平衡协调；贯彻落实绿色的要求，重视创造和维护机关、事业单位的良好政治生态；贯彻落实开放的要求，从全球化的视野思考机关、事业单位工资制度改革的队伍建设问题，认真学习借鉴各国有益经验；贯彻落实共享的要求，坚持以人为本，致力于充分调动机关、事业单位工作人员队伍的积极性、主动性和创造性，让有贡献的人员有各自的发展空间和获得感。

2013年至今，国家积极稳慎地推进机关、事业单位收入分配制度改革，按照严格管理和热情关心干部队伍结合起来的要求，研究工资制度改革的基本思路。通过完善政策制定和政策执行工作，取得了一些新的政策突破。如县以下机关建立公务员职务与职级并行制度，进行公务员和企业相当人员工资试调查和分析比较，开展与公务员分类管理相适应的工资制度改革试点工作，积极推进事业单位实施绩效

工资工作，分配激励约束机制不断完善。

一　健全完善机关、事业单位工资正常增长机制

2015年，国家对机关、事业单位养老保险制度进行了改革，利用此契机，2016年8月，国务院下发了《关于调整机关工作人员基本工资标准的实施方案》和《关于调整事业单位工作人员基本工资标准的实施方案》，决定对机关、事业单位工资中的问题进行完善。主要内容如下。

一是优化工资结构，将部分规范津贴补贴纳入基本工资。调整后，职务工资达到每月585元至7835元，级别工资起点标准提高到每月1020元至6495元，其他各级别档次工资标准相应提高。纳入后，基本工资占比由24%提高到40%多。二是建立基本工资标准正常调整机制。基本工资标准原则上每年或每两年调整一次，依据工资调查比较结果，综合考虑国民经济发展、财政状况和物价变动等因素确定调整幅度。近期基本工资标准每两年调整一次，参考同期物价上涨幅度、同期企业在岗职工工资增长率等因素，确定工资增长幅度。落实公务员法的要求，建立工资调查比较制度，定期开展公务员和企业相当人员工资水平的调查比较，合理确定公务员工资水平。调整公务员基本工资标准的同时，适当调整机关工人技术等级（岗位）工资标准。按全国平均水平计算，这次机关、事业单位工作人员月人均实际增资300元左右。

为建立工资正常增长机制，国家还连续多年开展了公务员和企业相当人员工资试调查和分析比较。

二　探索实施公务员职务与职级并行制度

公务员职务与职级制度是公务员管理制度的重要组成部分，是确

定公务员工资及其他待遇的依据。2006年曾经做出规定，厅局级副职及以下职务层次公务员，在任职时间和级别达到规定条件后，经考核合格，可以享受上一职务层次非领导职务的工资等待遇。但具体实施意见长期没有出台。

从现实情况看，公务员提高待遇主要靠晋升职务，级别的激励作用没有得到充分发挥，特别是在县以下机关，公务员受机构规格等因素限制，职务晋升空间小、待遇得不到提高的矛盾更为突出，需要加以切实解决。根据党的十八大关于深化干部人事制度改革的精神和十八届三中全会关于推行公务员职务与职级并行、职级与待遇挂钩的精神，2015年6月中央正式决定在县以下建立公务员职务与职级并行制度。

这项制度是深化干部人事制度改革，加强基层干部队伍建设的一项重大决策。建立职务与职级并行制度，形成职务与职级两个晋升通道，是对干部人事制度的重要调整和改革，是对公务员管理制度的创新和完善，有利于充分调动和发挥公务员的积极性，鼓励他们立足本职踏实工作。县以下机关公务员是做好基层工作、服务人民群众、巩固基层政权的骨干力量，在推进国家治理体系和治理能力现代化中发挥着重要作用。在县以下机关实施公务员职务与职级并行制度，体现了中央对基层工作的重视，对基层干部的关心，对于加强基层工作、稳定基层干部队伍、充分调动和发挥基层干部的积极性起到积极的促进作用。

制度的主要内容是，在公务员法规定的制度框架内，保持现有领导职务和非领导职务晋升制度不变，建立主要依据任职年限和级别晋升职级的制度，发挥职级在确定干部工资待遇方面的作用。对县以下机关公务员设置5个职级。公务员晋升，主要依据任职年限和级别。对达到规定任职年限和级别条件的公务员，依据其德才表现和工作实绩，在本单位规定的范围内进行民主测评，经考核合格的晋升职级。晋升职级后，工作岗位不变，仍从事原单位工作。

该制度实施后取得了积极的效果。大多数县已经实施了职务与职级并行的政策，职级得到晋升的人员占县以下公务员的20%~30%，他们的工资收入也得到了相应的提高，增资额一般在每月250~350元。从总体上看，县以下职务与职级并行制度的实施，解决了许多基层人员工作多年甚至已经接近退休仍然还是科员、办事员的问题，缓解了基层干部职业发展"天花板"现象，干事创业的制度环境得到优化。

2016年12月，国家决定在更大范围内试点职务与职级并行工作，选择了天津市市级机关及和平区、西青区各级机关，山东省省级机关及青岛市、潍坊市各级机关，湖北省省级机关及宜昌市、襄阳市各级机关，四川省省级机关及绵阳市、内江市各级机关，以及教育部、国家质量监督检验检疫总局、国务院台湾事务办公室、国家统计局本级机关（不包括直属机构）开展公务员职务与职级并行制度试点工作，暂时调整适用公务员法关于非领导职务管理的有关规定。

三 继续规范和完善公务员津贴补贴制度

国家继续对公务员津贴补贴制度进行调整和完善，主要涉及乡镇机关、事业单位工作人员补贴、有重点地完善部分特殊岗位性津贴补贴政策以及调整艰苦边远地区津贴标准等。

（一）发放乡镇工作补贴

自2015年1月起，国家决定对乡镇（不含街道）机关和事业单位的正式人员发放乡镇工作补贴。乡镇工作补贴的水平不低于月人均200元，补贴标准可根据乡镇情况和在乡镇工作时间等因素适当区别，并向条件艰苦的偏远乡镇和长期在乡镇工作的人员倾斜。在管理体制上，各地发放乡镇工作补贴的具体办法，由各省级人民政府按国家规定结合当地实际确定，报人力资源和社会保障部、财政部备案。对工资收入水平相对较高的乡镇是否实行乡镇补贴政策，由各省人民政府确定。

（二）调整艰苦边远地区津贴标准

2016 年和 2018 年先后两次调整艰苦边远地区津贴标准。自 2017 年 1 月 1 日起，各类区在职人员津贴标准分别调整为：一类区月人均 210 元，二类区月人均 350 元，三类区月人均 580 元，四类区月人均 1050 元，五类区月人均 1950 元，六类区月人均 3200 元。在各类区平均标准内，不同职务（岗位）人员适当拉开差距。其中，一类区每月 185 元至 370 元，二类区每月 320 元至 585 元，三类区每月 545 元至 1020 元，四类区每月 1000 元至 1880 元，五类区每月 1870 元至 2630 元，六类区每月 3120 元至 4160 元。[①]

四 开展符合医疗卫生行业特点的公立医院薪酬制度试点

随着深化医药卫生体制改革和事业单位分类改革的推进，公立医院现行工资制度不能完全适应改革发展形势的要求。医疗行业人才培养周期长、职业风险高、技术难度大、责任担当重，建立符合医疗行业特点、体现以知识价值为导向的公立医院薪酬制度，是深化医药卫生体制改革和事业单位收入分配制度改革的重要内容，对确立公立医院激励导向和增强公立医院公益性，调动医务人员的积极性、主动性、创造性，推动公立医院事业的发展，都具有重要意义。完善公立医院薪酬制度关系到医务人员的切身利益，关系到医改的成效，涉及面广，政策性强，情况复杂，需要经过试点取得经验后再全面推行。

[①] 《人力资源社会保障部财政部关于调整艰苦边远地区津贴标准的通知》（人社部规〔2018〕1 号），https://wenku.baidu.com/view/7c9e8f4eac51f01dc281e53a580216fc710a53de.html。

2017 年 1 月，人力资源和社会保障部、财政部等部门决定联合开展公立医院薪酬制度改革试点工作，在上海、江苏、浙江、安徽、福建、湖南、重庆、四川、陕西、青海、宁夏等 11 个综合医改试点省份各选择 3 个市（州、区），除西藏外的其他省份各选择 1 个公立医院综合改革试点城市进行试点。试点工作为期 1 年。未列入试点范围的公立医院综合改革试点城市和各县（市）可先行探索制定公立医院绩效工资总量核定办法。2017 年 12 月，决定扩大试点范围，除之前确定的试点城市外，其他城市至少选择 1 家公立医院开展薪酬制度改革试点。

（一）试点的指导思想

开展公立医院薪酬制度改革试点的指导思想是，贯彻落实党的十八大和十八届三中、五中、六中全会精神，按照深化医药卫生体制改革和收入分配制度改革的总体部署，与医疗、医保、医药联动改革相衔接，积极稳妥开展试点，探索建立适应我国医疗行业特点的公立医院薪酬制度，完善正常调整机制，健全激励约束机制，以增加知识价值为导向进行分配，着力体现医务人员技术劳务价值，规范收入分配秩序，逐步实现公立医院收入分配的科学化和规范化，增强公立医院公益性，调动医务人员积极性，不断提高医疗服务质量和水平。

（二）试点的基本原则

一是坚持激励与约束相结合。适应公立医院综合改革要求，与公立医院管理体制、运行机制、服务价格调整、医保支付、人事管理、控制不合理医疗费用以及推进分级诊疗、家庭医生签约服务等改革相衔接，健全与岗位职责、工作业绩、实际贡献紧密联系的分配激励机制，加强宏观调控和有效监管，规范医务人员收入分配秩序。

二是坚持按劳分配与按生产要素分配相结合。适应行业特点的要求，坚持中西医并重，完善公立医院内部分配制度和分配机制，合理体现医务人员技术劳务价值。

三是坚持动态调整与合理预期相结合。在确保医疗机构良性运行、基本医保支出可承受、群众整体负担不增加、提高医疗服务水平的基础上，动态调整公立医院薪酬水平，与国民经济发展相协调，与社会进步相适应。妥善处理不同地区、不同等级、不同类型公立医院之间的收入分配关系。

（三）试点的主要内容

试点地区要根据医疗卫生行业特点，完善适应行业特点的公立医院薪酬制度。

1. 优化公立医院薪酬结构

要结合公立医院公益性定位、工作特点和本地实际，以及不同公立医院的功能定位和医、护、技、药、管等不同岗位职责要求，合理确定公立医院薪酬结构，注重医务人员长期激励。完善岗位绩效工资制，有条件的可探索实行年薪制、协议工资制等多种模式。

2. 合理确定公立医院薪酬水平

有关部门根据当地经济发展、财政状况、工作量、服务质量、公益目标完成情况、成本控制、绩效考核结果等，按照允许医疗卫生机构突破现行事业单位工资调控水平，允许医疗服务收入扣除成本并按规定提取各项基金后主要用于人员奖励的要求，在现有水平基础上合理确定公立医院薪酬水平和绩效工资总量，逐步提高诊疗费、护理费、手术费等医疗服务收入在医院总收入中的比例。对高层次人才集聚、公益目标任务繁重，承担科研、教学任务以及需要重点发展的公立医院或绩效考核评价结果优秀的公立医院，适当提高薪酬水平。建立动态调整机制，稳步提高医务人员薪酬水平，调动医务人员积极性。

3. 推进公立医院主要负责人薪酬改革

公立医院主管部门根据公立医院考核评价结果、个人履职情况、职工满意度等因素，合理确定医院主要负责人的薪酬水平。公立医院主要负责人薪酬水平应高于本院平均薪酬水平，并与本院职工薪酬水平保持合理关系。鼓励公立医院主管部门对公立医院主要负责人探索实行年薪制。

4. 落实公立医院分配自主权

公立医院在核定的薪酬总量内进行自主分配。医院制定绩效分配办法要充分发扬民主精神，广泛征求职工意见，充分体现医、护、技、药、管等不同岗位差异，兼顾不同学科之间的平衡，向关键和紧缺岗位、高风险和高强度岗位、高层次人才、业务骨干和做出突出成绩的医务人员倾斜，向人民群众急需且短缺的专业人才倾斜，体现知识、技术、劳务、管理等要素的价值，避免大锅饭。适当提高低年资医生薪酬水平，统筹考虑编制内外人员薪酬待遇，推动公立医院编制内外人员同岗同薪同待遇。严禁向科室和医务人员下达创收指标，医务人员个人薪酬不得与药品、卫生材料、检查、化验等业务收入挂钩。

5. 健全以公益性为导向的考核评价机制

公立医院主管部门要制定科学的公立医院考核评价指标体系，综合考虑职责履行、工作量、服务质量、费用控制、运行绩效、成本控制、医保政策执行情况等因素，定期组织考核，考核结果与医院薪酬总量挂钩。对考核不合格的医院，要适当降低薪酬水平。

公立医院主管部门要制定公立医院主要负责人的绩效考核评价办法，综合考虑工作责任、医院管理的实际情况、医院考核评价结果和任期目标任务完成情况等因素，定期组织考核，考核结果与公立医院主要负责人薪酬挂钩。

公立医院要制定内部考核评价办法，综合考虑岗位工作量、服务质量、行为规范、技术能力、医德医风和患者满意度等因素，考核结果与医务人员薪酬挂钩。

五　机关、事业单位工资制度改革的总体方向

总体来看，每次工资改革都使机关、事业单位工资水平有较大的提高，使工资制度焕发活力，有力地调动了机关、事业单位工作人员的积极性，促进了机关、事业单位工作效率的提高。

除上述落实机关、事业单位工作人员基本工资标准正常调整机制、推进事业单位实施绩效工资、完善公立医院薪酬制度等工作之外，"十三五"期间，国家探索建立工资调查比较制度，形成科学的公务员工资水平决定机制和正常增长机制。实行与公务员分类管理相适应的配套工资政策。完善公务员奖金制度。研究建立事业单位高层次人才收入分配激励机制。进一步调控地区工资差距，完善地区津贴制度，在规范津贴补贴的基础上实施地区附加津贴制度，落实艰苦边远地区津贴增长机制，逐步将地区工资差距调控在合理范围内。分类规范改革性补贴，进一步加强工资管理，积极稳妥推进工资公开，接受社会监督。

2016 年 3 月，中共中央印发《关于深化人才发展体制机制改革的意见》，指出了事业单位有关改革的总体方向和加大对创新人才激励力度的要求。主要内容有：赋予高校、科研院所科技成果使用、处置和收益管理自主权，除事关国防、国家安全、国家利益、重大社会公共利益外，行政主管部门不再审批或备案。允许科技成果通过协议定价、在技术市场挂牌交易、拍卖等方式转让转化。完善科研人员收入分配政策，依法赋予创新领军人才更大人财物支配权、技术路线决定权，实行以增加知识价值为导向的激励机制。完善市场评价要素贡献并按贡献分配的机制。研究制定国有企事业单位人才股权期权激励政策，对不适宜实行股权期权激励的采取其他激励措施。探索高校、科研院所担任领导职务科技人才获得现金与股权激励管理办法。完善人才奖励制度。

第二部分　主要成就、经验总结与展望

　　改革开放 40 年，是我国经济飞速发展、经济总量连上新台阶的 40 年，也是全体人民共享改革发展成果、生活水平大幅提高的 40 年。特别是党的十八大以来，以习近平同志为核心的党中央坚持以人民为中心的发展思想，城乡居民生活向全面小康社会更加扎实地迈进。人民群众的获得感、幸福感、安全感更充实、更有保障、更可持续。随着经济快速增长，居民收入连续跨越式提升。2017 年，全国居民人均可支配收入达到 25974 元，扣除价格因素，比 1978 年实际增长 22.8 倍，年均增长 8.5%。① 40 年来，我国居民用 31 年的时间实现人均收入跨万元，用 5 年时间跨 2 万元，目前正向人均收入 3 万元大关迈进。

第五章
中国工资收入分配40年改革主要成就

　　改革开放 40 年来，适应社会主义市场经济体制改革的需要，工

---

　　①　作者确认此数据无误。

资收入分配制度改革取得巨大成就，工资收入分配改革在促进企业创新发展，增加劳动者收入，提高人民生活水平，调动劳动者积极性、创造性等方面发挥了基础和保障作用，成为人民群众获得幸福和快乐的重要基础。

一 与中国特色社会主义市场经济体制相适应的工资分配制度体系基本形成

改革开放 40 年来，党中央、国务院高度重视企业工资分配制度改革工作，在大力发展经济的同时，不断深化对收入分配理论的创新和实践的探索：从改革开放之初重新恢复按劳分配原则，到按劳分配为主体、多种分配形式并存，至今天按劳分配和按要素贡献分配的体制机制不断完善。党的十九大报告进一步明确提出，要坚持按劳分配原则，完善按要素贡献分配的体制机制，促进收入分配更合理、更有序。《中共中央、国务院关于深化国有企业改革的指导意见》（中发〔2015〕22 号）提出，要实行与社会主义市场经济相适应的企业薪酬分配制度，对深化国有企业工资决定机制改革提出了具体要求。2018年 5 月，国务院印发《关于改革国有企业工资决定机制的意见》，提出了建立健全灵活、高效的国有企业经营机制，推动国有企业全面提升发展质量和效率。由此，与中国特色社会主义市场经济制度相适应的工资分配制度体系基本形成。

这一制度体系的基本特征，一是坚持市场机制决定工资分配。突出了国有企业工资分配的市场化方向。国有企业工资总额的确定和增长，要与劳动力市场相适应，与经济效益和劳动生产率相挂钩，要统筹考虑一揽子因素，合理确定工资总额，使之更加符合市场经济规律和企业发展规律。在工资水平决定机制上，强调要加强人工成本投入产出率和职工工资水平的市场对标，使工资水平是否合理更多由市场决定。在工资分配主体上，采取符合市场规律的预算管理办法，工资总额预算方案由企业自主编制，并对主业处于充分竞争行业和领域的商业类国有企业原则上实行备案制，从而使国有企业的市场主体地位更加突出。二是实行企业自主分配。通过改革，企业在内部分配上拥有了充分的自主权，企业尤其是国有企业形成了科学灵活的薪酬体系，可以根据内部绩效考核和业绩评价发放薪酬，大大提高了创新活力，提高了赢利能力和可持续竞争力。三是健全完善了工资分配的政府宏观调控。在坚持工资分配市场化方向的同时，健全了工资分配的政府宏观调控体系和监管体制机制。在宏观调控方面，定期发布劳动力市场工资价位、行业人工成本信息、工资指导线和非竞争类国有企业工资增长调控目标，完善了工资指导线制度，实施了企业薪酬调查和信息发布制度，最低工资制度全面实施，并完善了最低工资的正常调整机制，更好地引导企业做好工资分配。在监管体制机制方面，政府加强了对国有企业工资分配的事前引导、事中监控和事后监督，体现了规范工资收入分配秩序、促进收入分配更合理更有序的要求。强化了对国有企业工资收入分配的监督检查，建立了国有企业工资内外收入监督检查制度，定期开展监督检查，引入社会监督机制。建立对国有企业工资收入分配违规问题的责任追究制度，制定对违规行为的处理措施。同时，公务员工资制度不断完善，符合事业单位行业特点的绩效工资制度不断优化和健全。

二 职工和居民收入水平稳步提高

劳动者和全体居民较好分享了40年来的经济发展成果。党中央提出的在经济增长基础上，努力实现居民收入增长和经济增长同步、劳动报酬提高和劳动生产率提高同步的目标基本实现。职工工资较快增长，全国1978年城镇居民家庭人均可支配收入为343元，到2017

年增长到 36396 元，增长了 105 倍，年均增长 12.7%。全国 1978 年人均 GDP 为 385 元，到 2017 年增长到 59660 元[①]，增长了 154 倍，年均增长 13.8%。城镇居民人均可支配收入年均实际增长 7.7%，农村居民人均可支配收入年均实际增长 9.6%，农村居民人均可支配收入增长率超过城镇居民，且高于同期的 GDP 增长率。

城镇单位职工工资保持了较快增长，并且私营单位职工平均工资增长超过了非私营单位从业人员工资增长、农民工工资平均增长超过其他从业人员增长。以"十二五"时期为例，城镇单位在岗职工平均工资水平由 2011 年的 42452 元增加到 2015 年的 63241 元，年均增长率为 10.5%，扣除消费物价指数影响，2011 年到 2015 年在岗职工实际工资水平年均增长率为 8.2%。私营单位就业人员平均工资水平由 2011 年的 24556 元增加到 2015 年的 39589 元，年均名义增长率高达 12.7%，比城镇单位在岗职工名义工资增长率高 2.2 个百分点。农民工工资从 2011 年的人均 2049 元/月增长到 2015 年的 3072 元/月，年均增速为 10.7%。

三 工资收入差距扩大的趋势得到遏制，收入秩序逐步趋于合理

改革开放 40 年，城镇各类职工工资持续较快增长，各类就业人员和行业收入差距逐步缩小。2012～2017 年，全国城镇单位就业人员平均工资持续较快增长，工资收入差距扩大的趋势得到有效遏制。2010 年，全国 31 个省份中，城镇单位在岗职工工资水平最高省份为最低省份的 2.47 倍，2015 年缩小到 2.45 倍，总体呈降低趋势。特别是私营单位就业人员平均工资水平和农民工工资年均增速超过城镇单

---

① 作者认为此数据无误。

位就业人员工资涨幅；2017 年与 2012 年比较，全国城镇私营单位就业人员平均工资年均实际增长 8.4%；行业门类就业人员平均工资最高与最低差距从 3.96 倍缩小至 3.64 倍。2012 年以来，城镇居民人均可支配收入增长与经济增长总体保持同步。2010～2015 年，全国居民收入基尼系数从 0.481 下降到 0.462；城乡居民收入倍数由 2010 年的 2.99 倍缩小到 2015 年的 2.73 倍。

在收入分配秩序方面，国民收入分配格局有所优化，居民可支配收入在国民可支配收入中的比重和劳动报酬在初次分配中的比重均有所提高。不合理的过高收入得到合理调节。加强了国有企业工资总额管理。治理拖欠工资取得明显成效，出台实施了一系列全面治理拖欠农民工工资问题的法律法规措施，建立起了源头预防、动态监管和失信惩戒相结合的保障工资支出制度体系。随着社会保障和就业等民生支出占财政支出的比重逐步提升，合法收入得到有力保护和提升。部分工资外的高福利、灰色收入等得到有效遏制。

第六章
40年工资收入分配改革的基本经验

工资收入是群众尤其是劳动者最关心、最直接、最现实的利益问题。总结40年工资收入分配改革，一条最基本的经验就是党的根本宗旨在收入分配中的集中体现。40年来始终坚持为人民谋利益、为群众谋幸福，经济发展及其一切工作都是为了使人民群众富裕，过上美好生活。

一 坚持以法治薪，不断完善与经济社会发展阶段相适应的工资分配政策

改革开放以来，适应社会主义市场经济体制的需要，国家通过颁布一系列法律法规和政策，强化对劳动者权益的保护，工资成为劳动者权益和劳动关系问题的核心和基础。从劳动法、劳动合同法、就业促进法等法律法规，到工资总额决定、工资支付保障、最低工资制度，以及治理农民工工资拖欠问题等一系列工资收入问题相关法规的颁布实施，构成了中国特色社会主义工资收入分配法律体系，确保了工资收入分配改革的顺利推进。

随着社会主义市场经济体制的不断健全和完善，工资收入分配政策改革不断向纵深推进。改革开放之后重新恢复按劳分配原则，是适应党的十一届三中全会确立将工作重心转向经济建设，迫切要求改革低效率分配制度，打破平均主义"大锅饭"的需要；党的十四届三中全会提出了以公有制为主体，多种所有制形式并存的要求。经济体制

的变革，需要在分配方式上改革，实施多种分配方式，形成了按劳分配为主体、多种分配方式并存的分配制度；随着经济体制改革的深入，劳动力和要素市场化程度逐步提高，资本、管理和技术成为社会主义初级阶段发展经济和提高劳动生产率的重要环节。党的十五大明确提出，把按劳分配和按生产要素分配结合起来，党的十六大确立劳动、资本、技术和管理等生产要素按贡献参与分配的原则，并将按要素贡献分配作为收入分配的主要依据。十七大、十八大提出健全完善相应制度及要素按贡献分配的体制机制；引入竞争激励机制，资本、管理、技术要素参与分配，实施让一部分人和一部分地区先富起来的政策。我国的收入分配政策较好地推动和促进了生产力的发展和劳动生产率的提高，为我国经济连续高速增长打下了重要的基础。随着改革的深化，我国生产力水平快速提高，财富快速积累，使得城乡之间、地区之间和不同劳动生产率部门之间的收入差距也进一步加剧。我国的工业主要集中在中心城市和东部沿海地区，工业的劳动生产率显著高于农业和服务业，反映在收入上，就表现为城乡之间、地区之间和不同工业企业部门之间的工资收入差异。毫无疑问，改革开放初期的这种工资收入分配政策是必要的、有效的，出现收入差距的扩大也是正常的。因为工资收入分配制度的目标就是调动人民群众的积极性和创造性，加快解放和发展生产力，实现经济的快速发展。在保持经济增长的基础上更加重视公平，就成为党的十六大以来收入分配改革的重点。党的十七大提出的科学发展观明确：合理的收入分配制度是社会公平的重要体现，要求"初次分配和再分配都要处理好效率和公平的关系"。党的十八届五中全会提出的发展成果为人民共享及党的十九大更进一步提出的共享发展的思想，是习近平新时代中国特色社会主义思想在基本分配思想和制度上的创新和发展。共享发展意味着既要发展、又要实现收入分配差距缩小的双重目标，反映在具体分配政策上，必须首先是在不损害市场经济发展效率的前提下，更加注重分配的公平、保障民生并缩小收入分配差距。

二 坚持市场化工资分配导向的改革不动摇

纵观 40 年我国工资收入分配改革的脉络，从政府对工资的严格管控，到机关、事业单位、企业工资制度相分离，确立"市场机制决定、企业自主分配、职工民主参与，政府监控指导"的工资分配原则，体现了随着社会主义市场经济改革，市场化分配的思路逐步建立和完善的过程。自 1985 年开始推行企业工资总额同经济效益挂钩浮动办法，实行分类分级工资管理体制，由国家发布国营企业参考工资标准，具体工资分配形式改为企业根据实际情况自行研究确定，以及企业与国家机关、事业单位的工资改革和工资调整脱钩开始，企业工资改革的市场化即已展开，并且在各个时期的市场经济体制建立中起到了改革排头兵、先锋队的作用，助推、引领了社会主义市场经济体制的建立和完善。党的十六大在十五大提出发展要素市场的基础上，进一步提出在更大程度上发挥市场在资源配置中的基础性作用。党的十八届三中全会通过的《中共中央关于全面深化改革若干重大问题的决定》提出，国有企业必须适应市场化、国际化新形势，以规范经营决策、资产保值增值、公平参与竞争、提高企业效率、增强企业活力、承担社会责任为重点，进一步深化国有企业改革。2013 年，国务院批转发展改革委等部门《〈关于深化收入分配制度改革的若干意见〉的通知》（国发〔2013〕6 号），提出建立反映劳动力市场供求关系和企业经济效益的工资决定及正常增长机制。《中共中央、国务院关于深化国有企业改革的指导意见》要求，国企改革要坚持社会主义市场经济改革方向，适应市场化、现代化、国际化新形势，以解放和发展社会生产力为标准，以提高国有资本效率、增强国有企业活力为中心。实行与社会主义市场经济相适应的企业薪酬分配制度。完善既有激励又有约束、既讲效率又讲公平、既符合企业一般规律又体现国有企业特点的分配机制。明确国有企业要建立健全与劳动力市场基本适应、与企业经济效益和劳动生产率挂钩的工资决定和正常增长机制。2018 年 5 月，国务院发布《关于改革国有企业工资决定机制的意见》（国发〔2018〕16 号），更加突出了国有企业工资分配的市场化方向。在工资总额确定办法上，改变了过去国有企业工资总额增长同经济效益单一指标挂钩的办法，要求统筹考虑一揽子因素合理确定工资总额，更加符合市场经济规律和企业发展规律。在工资水平决定机制上，强调要加强人工成本投入产出率和职工工资水平的市场对标，使工资水平是否合理更多地由市场决定。在工资分配主体上，对政府有关部门每年核定国有企业上年度工效挂钩方案的做法进行了改革，采取更加符合市场规律的预算管理办法，工资总额预算方案由企业自主编制，并对主业处于充分竞争行业和领域的商业类国有企业原则上实行备案制，从而使国有企业的市场主体地位更加突出，企业的工资分配管理权得到进一步落实。真正实现职工工资能高能低，企业工资总额与经济效益同向联动、能增能减，破除了部分企业工资与效益增长不匹配的状况，确保了工资水平与企业经济效益和市场竞争力相适应。

三 坚持强化政府宏观调控体系不松劲

在工资收入分配不断市场化的同时，政府的作用不是弱化，而是转变角色，由直接管控，到通过法律、市场、信息等对工资实施宏观调控。我国的工资宏观调控体系包括调控对象和调控手段。从调控对象看，工资总水平、工资结构及其变动，与国家经济社会发展水平之间的关系，国内各地区、行业之间的工资水平及其分配关系，机关与事业单位和企业职工平均工资水平及其关系，全国各类人员的工资水平及其相互之间的工资分配关系等，是调控的主要对象。在调控手段上，主要有法律、信息、经济以及少量行政手段等，不断健全和完善的最低工资制度、工资指导线制度、劳动力市场工资指导价位制度、行业人工成本信息指导制度、薪酬调查及信息发布制度、国有企业工资内外收入监督检查制度、国有企业工资决定机制规范、机关事业单位工资决定及其调控规范，工资支付监督检查和保障制度，以及用人单位内部工资分配关系引导等，是在市场经济条件下主要的调控手段。1997 年劳动部发布《关于印发〈试点地区工资指导线制度试行办法〉的通知》，提出企业年度货币工资水平增长基准线、上线、下线，及对不同类别的企业实行不同的调控办法，较好地引导各类企业结合本企业经济效益状况及其发展变化，合理安排职工工资水平及其增长。1999 年劳动和社会保障部发布《关于建立劳动力市场工资指导价位制度的通知》（劳社部发〔1999〕34 号），有效指导企业合理确定各类岗位职工工资水平和工资关系，调节劳动力市场价格。2003 年劳动保障部发布《最低工资规定》，自 2004 年起在全国 31 个省份建立最低工资制度，并逐步形成比较健全完善的最低工资标准调整机制。2004 年劳动和社会保障部发布《关于建立行业人工成本信息指导制度的通知》（劳社部发〔2004〕30 号），政府劳动保障部门开始定期向社会公开发布行业人工成本信息，指导企业加强人工成本管理、合理确定人工成本水平。经过试点探索，全国统一的企业薪酬调查与信息发布制度开始实施，并形成机制。这些制度机制，符合市场经济条件下政府调节工资分配的需要，也是行政手段转化为经济信息手段的通行做法。国务院《关于改革国有企业工资决定机制的意见》（国发〔2018〕16 号）明确提出，加强和改进政府对国有企业工资分配的宏观指导和调控。人力资源和社会保障部门负责建立企业薪酬调查和信息发布制度，定期发布不同职业的劳动力市场工资价位和行业人工成本信息；会同财政、国资等部门完善工资指导线制度，定期制定和发布工资指导线、非竞争类国有企业职工平均工资调控水平和工资增长调控目标，进一步明确了政府工资宏观调控的责任和目标。

第七章
未来展望

党的十九大做出了我国进入中国特色社会主义新时代的重大判断，新时代，党中央更加重视作为保障和改善民生基础的工资收入分配，更加关注收入分配的公平。可以预见，党中央国务院将采取一系列改革措施，健全完善按劳分配和按要素分配相结合的制度，促进工资收入分配更合理、更有序，为人民群众过上美好生活奠定坚实财务基础和做出财务保障。

一　社会主要矛盾转化下群众对美好生活向往、对工资收入分配改革的要求

党的十九大报告指出，中国特色社会主义进入新时代，我国社会主要矛盾已经转化为人民日益增长的美好生活需要和不平衡不充分的发展之间的矛盾。我国社会主要矛盾的变化是关系全局和我国社会经济方方面面的历史性变化，对劳动工资分配工作提出了新要求、新目标、新任务。学习领会十九大关于我国进入新时代社会主要矛盾的变化的论述，对于做好当前和今后较长时期的劳动工资分配研究工作具有极其重要的指导意义。我们认为，在十九大后，我国劳动工资领域将发生三方面的重大转变：一是劳动关系将通过各要素的优化配置实现更高程度的和谐；二是工资分配制度将在激发要素拥有者投入要素积极性、促进经济社会更充分更均衡发展中发挥更加重要的作用；三是将持续稳定扩大中等收入群体作为实现共同富裕目标的途径。另

外，从长远看，劳动将逐渐不再是劳动者为获取工资而谋生的手段和工具，而逐步成为实现人生价值的平台。人力资源薪酬管理也将从物质经济的激励为主转变为促进劳动者的全面发展为目标。

主要矛盾的转化决定了工资收入分配改革必须坚定不移贯彻创新、协调、绿色、开放、共享的发展理念。一方面，要坚持科学发展，激发全社会创造力和发展活力；另一方面，要努力实现更高质量、更有效率、更加公平、更可持续的发展，让改革发展成果更多更公平地惠及全体人民，保证全体人民在共建共享发展中有更多获得感，不断促进人的全面发展、全体人民共同富裕。正如党的十九大报告所指出的，发展是解决我国一切问题的基础和关键，发展必须是科学发展，必须坚定不移贯彻创新、协调、绿色、开放、共享的发展理念。

在基本矛盾发生转变后，劳动者的权利意识将进一步觉醒。劳动者对权利、自由、平等、共享发展等诉求将越来越强烈，保障意识不断增强。劳动者对参与工资决定和调整等基本权利的诉求更加强烈。人民日益增长的美好生活需要，从本质上看与权利意识觉醒休戚相关。因此，健全完善工资集体协商制度，并使之法治化是劳动工资工作的重要任务。在推进策略上，应重点强化完善政府、工会、企业共同参与的协商协调机制。积极探索多种方式的工资集体协商方式，包括加大区域性、行业性协商工作力度，探索委托代理协商制度等，将有协商意愿但没有能力开展协商的劳动者群体纳入进来，为低收入劳动者工资正常增长创造条件。我国的协商协调机制不同于西方，具有中国特色，包括个体协商和集体协商两种机制。完善个体协商机制就是要完善劳动合同制，修改和完善劳动合同法，在劳动标准的适用上坚持分类管理，使之更符合中国企业的实际。研究制定工资集体协商条例，健全企业工资水平决定机制和工资正常增长机制，提高劳动者工资性收入。

二 促进更加公平正义的工资收入分配市场化改革

改革开放以来，我国确立了社会主义市场经济体制，经济增长和生产方式发生了根本性的变化。特别是党的十八大以来，劳动力市场发生了深刻变化，长期无限供给的劳动力开始出现短缺，普通劳动者、一线劳动者的工资快速上涨，并出现工资趋同现象，而传统的资本驱动的增长模式尽管仍占主导地位，但资本边际报酬递减的规律已经显现。随着产业结构调整和升级转型，技术和劳动要素的地位逐渐上升，在供求关系、工资增长以及政府的调节保护等多个方面，收入分配正在朝着更加公平公正的格局变化，工资收入分配中解决"不平衡不充分"矛盾的条件已经具备。未来较长时期，需要按照党的十九大规划的宏伟蓝图，在劳动生产率提高的基础上，不断提高职工和居民的收入水平。因此，首先应当坚定不移地发展生产力，推动经济更好更快地发展，为分配提供更加充足丰厚的资源。同时，要坚定地实行市场化分配的改革方向，在分配中更加重视要素贡献。另外，要处理好分配中效率与公平的关系。在近期，一是应优化工资分配格局，提高劳动报酬在初次分配中的比重。二是健全完善市场化的工资决定机制。健全完善工资集体协商制度，加强行业性、区域性集体协商，推动小微企业建立工资正常增长机制；积极探索多种方式的工资集体协商模式，将灵活就业、网络平台就业等就业群体组织起来，为实现工资正常增长创造条件。尤其是在非公企业，要改变企业主单方决定工资的现象，满足劳动者对薪酬的合理诉求。三是规范工资分配秩序，保障劳务派遣工、平台经济下的就业人员等劳动者的合理报酬权益，从根本上解决拖欠农民工工资等问题。彻底根除机关、事业单位私设工资项目、滥发津贴补贴、变相提高津贴补贴标准等情况。完善工资宏观调控政策体系。完善最低工资保障制度。健全完善工资指导线、企业薪酬调查和信息发布、企业人工成本预测预警等制度。四是实施针对中低收入群体的技能提升和工资增长计划。着力提高中低收入群体的技能水平和就业能力，增加中低收入群体人力资本，实现中低收入群体劳动生产率和收入水平的双提升。五是加快工资立法。加快修订完善《最低工资规定》《工资支付暂行规定》《建设领域农民工工资支付管理暂行办法》《工资集体协商试行办法》等规章条例，提高立法层次。适时制定并颁布《工资支付保障条例》《工资集体协商条例》《最低工资法》等法律法规。

三　完善再分配制度，缩小收入分配差距

从国际经验看，伴随着经济的快速增长，收入差距扩大是普遍现象。我国改革开放40年来的实践也证明了这一点。但当经济发展到一定阶段时，规范收入分配秩序、缩小收入分配差距，就成为政府重要的施政目标。从发达市场经济国家采取的缩小收入差距的方法和手段分析，主要依靠再分配手段调节收入差距。研究发现，在初次分配环节，发达市场国家都面临比较大的收入分配差距。例如，初次分配的基尼系数[①]美国为0.46，英国为0.46，日本为0.44。这些成熟市场经济国家与目前我国（2015年为0.462）相比并无实质性差异，但通过再分配后，发达市场经济国家的收入差距大大缩小，基尼系数平均下降10个基尼百分点以上[②]。因此，我国缩小收入分配差距的主要手段，应通过再分配实施。一是优化税制结构，增强税收对收入的调节作用，可以考虑增加直接税，在收入环节就开始进行调节；同时，可在提高个人所得税起征点的基础上，开征遗产税、赠与税，以及其他

[①]　资料来源：我国数据来自国家统计局。其他国家来自OECD统计局和世界银行WDI数据库。

[②]　蔡芳、张车伟等：《中国收入分配问题研究》，中国社会科学出版社，2016。

财产性持有环节税种（如房地产税）等。二是增加民生支出，尤其是增强转移支付的再分配功能，可以考虑将目前大多以项目支出的转移支付，直接转向中低收入人群，实现调整收入差距的再分配效应。三是改革完善社会保障制度。尽管我国已经建立起覆盖城乡居民的社会保障体系，但现行制度缺乏收入的调节作用。可以考虑将目前按照是否就业和是否有工资性收入划分为职工和居民的社会保险制度体系，改为按照收入（含工资性收入、财产性净收入、转移性净收入和经营性净收入）为缴费基数缴费，增强社会保障制度的普惠性和公平性，实现社会保障制度对收入分配的正向调节作用。

四　促进实现共同富裕的目标

按照党的十九大实现共同富裕目标的要求，今后一段时期，应着重在健全完善工资收入分配的体制机制方面下功夫。

一是健全完善按要素分配的体制机制。在资本、劳动、管理和技术要素中，我国资本要素在价值创造中仍占主体地位。劳动、技术、管理要素参与分配还处于被动地位。需要研究建立相应的体制机制以促进三个要素协调参与分配。目前，私有资本限制管理要素参与分配的问题主要通过市场机制决定来解决，国有资本限制管理要素参与分配的主要措施是限薪，但限薪对国有资本吸引和留住人才等参与市场竞争不利。迫切需要研究国有资本控制下管理要素的激励机制多元化问题。同样，劳动要素参与分配不仅要受到资本要素的限制，也受到管理要素的限制。工资指导线制度、劳动力市场指导价位制度、行业人工成本信息分析与指导制度是健全完善按要素分配的体制机制的重要内容，需要研究进一步健全完善提高制度运行的效度和信度的具体措施。完善最低工资决定机制，探索建立行业性最低工资标准，如按学历、职称、技能人才层级等建立最低工资标准。技术要素参与分与劳动要素参与分配一样不仅受到资本要素的限制，也受到管理要素的限制。近几年来，国务院和有关部门出台了一些技术要素参与分配的指导意见，但在具体落实中还面临很多障碍，有些可操作性也不强。应进一步研究推动技术技能要素参与分配的具体可操作的配套制度措施。

二是着力推动稳定和持续扩大中等收入群体。十九大报告中指出，到2035年时人民生活更为宽裕，中等收入群体比例明显提高。十九大把扩大中等收入群体作为今后长期的任务，对实现到21世纪中叶全体人民共同富裕的目标具有重大意义。劳动者是中等收入群体的主体，工资收入分配政策对稳定扩大中等收入人群具有最直接的影响。扩大中等收入群体可以考虑三步走策略。第一步，从现在起到2020年，也就是全面建成小康社会的时期，要在劳动生产率不断提高的基础上，解决不断扩大的收入差距问题，彻底消除收入分配不公的制度和体制机制；提高劳动报酬在初次分配中的比重。提高劳动报酬占比，是扩大中等收入群体最直接、最有效，而且反过来可促进和提高劳动生产率的有效方式。提高劳动报酬占比，需要提高就业正规化率，健全工资增长机制，保持在劳动生产率提高的基础上增加工资收入；要持续增强创新能力，增加研发投资，推动民营企业的技术创新，并完善创新的制度环境。第二步，从2020年到2035年，实现人民生活更为宽裕、中等收入群体比例明显提高的目标。主要的策略是，通过人力资本提升扩大中等收入群体。大力实施企业创新战略扩大中等收入群体，打通经济社会和科技发展的通道，让市场真正成为创新资源配置的主导力量；通过提高财产性收入扩大中等收入群体。第三步，从2035年到2050年，中等收入群体的比重总体达到发达国家的水平。至此，我国实现了扩大中等收入群体的目标，人民群众生活富裕。其间的政策着力点，可考虑采取提低而不限高的策略扩大中等收入群体，多措并举稳定已经进入中等收入群体的人群。

附　录

附录1
大事记

1978 年

3 月 5 日，第五届全国人民代表大会第一次会议通过重新修订的《中华人民共和国宪法》，明确有关按劳分配的社会主义分配原则。

5 月 7 日，国务院发布《关于实行奖励和计件工资制度的通知》（国发〔1978〕91 号）。

10 月 25 日至 11 月 3 日，第四次全国按劳分配理论讨论会在京召开。

11 月 18 日，国家劳动总局发布《关于给工作成绩特别突出的职工升级的通知》（〔78〕劳薪字 79 号）。

1979 年

7 月 26 日至 8 月 9 日，国务院在北京召开有各省份主管经济工作的负责同志参加的全国物价工资会议。

10 月 25 日，国务院发布《关于职工升级的几项具体规定》（国发〔1979〕251 号）。

11 月 8 日，国务院发布《关于调整工资区类别的几项具体规定》（国发〔1979〕259 号）。

1980 年

4 月 1 日，国家计划委员会、国家经济委员会、国家劳动总局发布《关于试行〈国营企业计件工资暂行办法（草案）〉的通知》（〔80〕劳总薪字第 80 号）。

1981 年

9 月，国家劳动总局在烟台召开全国工资奖励经验交流会。

10 月 7 日，国务院发布《关于一九八一年调整部分职工工资的通知》（国发〔1981〕144 号）。

11 月 23 日，卫生部、国家人事局、国家劳动总局发布《关于〈医疗卫生单位部分职工调整工资方案〉中若干具体问题的说明》（〔81〕卫人字第 438 号）。

11 月 30 日，教育部、国家人事局等发布《关于下达〈关于调整中、小学教职工工资中若干具体政策问题的处理意见〉以及教育系统教职工升级人数和增加工资指标等的通知》（〔81〕教计资字 261 号）。

1982 年

4 月 8 日，国务院发布《关于严格制止企业滥发加班加点工资的通知》（国发〔1982〕58 号）。

4 月 10 日，国务院颁布《企业职工奖惩条例》（国发〔1982〕59 号）。

12 月 2 日，国务院发布《国务院关于调整国家机关、科学文教卫生等部门部分工作人员的工资的决定》（国发〔1982〕140 号）。

12 月 10 日，劳动人事部发布《劳动人事部关于调整国家机关、科学文教卫生等部门部分工作人员工资中若干问题的处理意见》（劳人薪〔1982〕58 号）。

1983 年

1 月 31 日，劳动人事部发布《关于调整国家机关、科学文教卫生等部门部分工作人员工资中几个问题的补充处理意见》（劳人薪〔1983〕40号）。

2月23日，《国务院办公厅转发公安部〈关于调整部分公安干警工资的方案〉的通知》（国办发〔1983〕13号）发布。

2月，劳动人事部在北京召开了工资改革试点经验座谈会，着重交流了企业实行浮动工资的经验。

4月14日，国务院批转劳动人事部《关于一九八三年企业调整工资和改革工资制度问题的报告》（国发〔1983〕65号）。

7月18～24日，政治经济学社会主义部分研究会在北京召开全国第五次按劳分配理论讨论会。

8月，中央成立劳动工资改革小组，负责研究劳动工资制度改革如何起步问题。

11月8日，中国人民银行、劳动人事部、国家发展计划委员会、财政部发布《工资基金管理试行办法》（劳人计〔1983〕88号）。

1984年

4月16日，《国务院关于国营企业发放奖金有关问题的通知》（国发〔1984〕55号）发布，规定：企业奖金的发放要与企业经济效益挂钩。

5月8日，《国务院办公厅转发劳动人事部关于企业合理使用奖励基金的若干意见的通知》（国办发〔1984〕35号）发布。

5月10日，国务院颁布《关于进一步扩大国营工业企业自主权的暂行规定》（国发〔1984〕67号）。

5月11日，《劳动人事部、国家计委、国家统计局、商业部关于改革供销合作社劳动工资计划体制和统计问题的通知》（劳人计〔1984〕24号）发布。

12月17日，劳动人事部、国家计划委员会发布关于印发《经济特区劳动工资计划和劳动力管理试行办法》的通知（劳人计〔1984〕58 号）。

1985 年

1 月 5 日，国务院发布《关于国营企业工资改革问题的通知》（国发〔1985〕2 号）。通知指出：实行职工工资总额同企业经济效益按比例浮动的办法；企业与国家机关、事业单位的工资改革和工资调整脱钩。

1 月 23 日，国务院决定成立国务院工资制度改革小组，加强企业和国家机关、事业单位工资制度改革工作的调查研究。

6 月 4 日，《中共中央、国务院关于国家机关和事业单位工作人员工资制度改革问题的通知》（中发〔1985〕9 号）发布，将原来实行的职务等级工资制改为以职务工资为主要内容的结构工资制。

6 月 13 日，国务院工资制度改革小组、劳动人事部印发《关于实施国家机关和事业单位工作人员工资制度改革方案若干问题的规定》的通知（劳人薪〔1985〕19 号）。

同日，国务院工资制度改革小组、劳动人事部印发《关于四类工资区提高到五类工资区和计发地区工资办法的具体规定》的通知（劳人薪〔1985〕20 号）。

7 月 3 日，国务院颁布《国营企业工资调节税暂行规定》（国发〔1985〕87 号）。

7 月 13 日，劳动人事部、财政部、国家计委、国家经委、中国人民银行关于印发《国营企业工资改革试行办法》的通知（劳人薪〔1985〕29 号）发布。

7 月 15 日，劳动人事部、国家统计局关于印发《关于劳动人事部与国家统计局分工管理劳动工资统计工作的通知》（劳人计〔1985〕15 号）发布。

7月23日，《劳动人事部关于印发国营大中型企业职工工资标准的通知》（劳人薪〔1985〕31号）发布。

8月24日，国务院颁布《集体企业奖金税暂行规定》（国发〔1985〕103号）。

8月30日，国务院工资制度改革小组、劳动人事部发布《关于高等学校、中等专业学校、中小学职工工资制度改革问题的通知》（劳人薪〔1985〕40号）。

同日，《国务院工资制度改革小组、劳动人事部关于卫生部医疗卫生事业单位工作人员工资制度改革问题的通知》（劳人薪〔1985〕41号）发布。

9月18日，《财政部关于颁发国营企业工资调节税暂行规定施行细则的通知》（财税字〔85〕第254号）发布。

9月20日，国务院发布《事业单位奖金税暂行规定》（国发〔1985〕114号）。

9月24日，《国务院关于发布〈工资基金暂行管理办法〉的通知》发布（国发〔1985〕115号）。

1986 年

6月4日，《国务院工资制度改革小组、劳动人事部、财政部关于国家机关工作人员奖励工资问题的通知》（劳人薪〔1986〕60号）发布。

7月4日，国务院企业工资改革研究小组、劳动人事部、财政部印发《关于部分国营大中型企业试行工资总额同上缴税利挂钩办法中若干问题的处理意见》的通知（国工改企字〔1986〕2号）。

11月3日，国务院工资制度改革小组、劳动人事部《关于1986年解决国家机关和事业单位部分工作人员工资问题的通知》（劳人薪〔1986〕96号）发布。

11 月 8 日，国务院工资制度改革小组、劳动人事部《关于一九八六年调整部分工资区类别的通知》（劳人薪〔1986〕99 号）发布。

11 月 10 日，劳动人事部颁发《关于外商投资企业用人自主权和职工工资、保险福利费用的规定》（劳人计发〔1986〕44 号）。

12 月 5 日，国务院发布《关于深化企业改革增强企业活力的若干规定》（国发〔1986〕103 号）。

1987 年

5 月 5 日，国务院企业工资改革小组、劳动人事部、财政部发布《关于改进企业工资总额同经济效益挂钩办法的意见》（劳人薪〔1987〕26 号）。

11 月 28 日，国务院发布《关于提高中小学教师工资待遇的通知》（国发〔1987〕102 号）。

1988 年

1 月 12 日，劳动人事部国家教育委员会关于下发《提高中小学教师工资标准的实施办法》的通知（劳人薪〔1988〕2 号）发布。

1 月 14 日，《劳动人事部关于一九八七年解决部分中年专业技术人员工资问题的通知》（劳人薪〔1988〕4 号）发布。

2 月 27 日，国务院发布《全民所有制工业企业承包经营责任制暂行条例》（国发〔1988〕13 号）。

9 月 8 日，《国务院关于提高部分专业技术人员工资的通知》（国发〔1988〕60 号）发布。

12 月 12 日，《人事部、国家教委、财政部关于印发〈关于提高中小学班主任津贴标准和建立中小学教师超课时酬金制度的实施办法〉的通知》（人薪发〔1988〕23 号）发布。

1989 年

3 月 6 日，《国务院批转劳动部、财政部、国家计委〈关于进一步改进和完善企业工资总额同经济效益挂钩意见〉的通知》（国发〔1989〕25号）发布。

3月30日，《国务院关于进一步加强工资基金管理的通知》（国发〔1989〕31号）发布。

9月25日，《国务院办公厅关于一九八九年全国劳动模范和先进工作者奖励升级问题的通知》（国办发〔1989〕46号）发布。

10月24日至26日，全国劳动厅局长会议在北京召开。会议提出工资收入的目标是：职工工资的增长速度要低于国民收入和劳动生产率的增长速度，合理调整企业内部工资分配结构，基本缓解社会分配不公的矛盾。

11月23日，《劳动部、财政部、国家计委关于印发〈国营企业工资总额同经济效益挂钩实施办法〉的通知》（劳薪字〔1989〕40号）发布。

12月19日，《国务院批转劳动部、国家计委、财政部〈关于一九八九年国营企业工资工作和离退休人员待遇问题安排意见的通知》（国发〔1989〕83号）发布。

同日，《国务院批转人事部、国家计委、财政部一九八九年调整国家机关、事业单位工作人员工资实施方案的通知》（国发〔1989〕82号）发布。

1990年

1月1日，《国家统计局关于工资总额组成的规定》（国家统计局令1990年第1号）发布。

2月7日，劳动部发布《关于调查企业职工工资奖金、津贴、补贴发放规定情况的通知》（劳计字〔1990〕5号）。

8月14日，人事部发布《关于印发〈全民所有制机关、事业单位职工人数和工资总额计划管理暂行办法〉的通知》（人计发〔1990〕

17号）。

8月23日，《劳动部关于印发〈关于进一步加强外商投资企业中方职工工资管理的意见〉的通知》（劳计字〔1990〕57号）发布。

10月22日，《国务院批转劳动部等部门〈关于加强城镇集体所有制企业职工工资收入管理意见〉的通知》（国发〔1990〕59号）发布，明确规定城镇集体企业也可实行工效挂钩的办法。

11月9日，人事部、中国人民银行发布《关于印发〈国家机关、事业单位工资基金管理暂行办法〉的通知》（人计发〔1990〕20号）。

11月20日，《劳动部关于在国营企业新一轮承包中改进和完善工资总额同经济效益挂钩办法的意见》（劳薪字〔1990〕82号）发布。

1991年

1月31日，劳动部召开首次劳动工资社会保险制度改革研讨会。

2月9日，《劳动部印发〈关于进一步搞好全民所有制企业内部工资分配的意见〉的通知》（劳薪字〔1991〕19号）发布。

5月4日，《劳动部关于调整企业职工工资标准的通知》（劳薪字〔1991〕32号）发布。

9月3日，《国务院办公厅关于成立国务院分配制度改革委员会的通知》（国办发〔1991〕58号）发布。

10月5日，《劳动部、国家税务总局关于印发〈城镇集体所有制企业工资同经济效益挂钩办法〉的通知》（劳薪字〔1991〕46号）发布。

12月12日至15日，经国务院批准，劳动部、国务院生产办、国家体改委、人事部和全国总工会在京联合召开全国企业劳动人事、工资分配、社会保险制度改革经验交流会。

1992年

1月7日，劳动部下发《劳动部关于进行岗位技能工资制试点工作的通知》（劳薪字〔1992〕8号）。

1月25日，劳动部、国务院生产办、国家体改委、人事部、全国总工会《关于深化企业劳动人事、工资分配、社会保险制度改革的意见》（劳政字〔1992〕2号）发布。

1月27日，劳动部召开1992年劳动、工资、社会保险制度改革研讨会。

3月23日，劳动部、财政部、国务院生产办公室《关于清理整顿当前奖励晋级规定过多过乱落实企业分配自主权问题的通知》（劳薪字〔1992〕24号）发布。

3月30日，人事部、国家计委、财政部发布《关于适当调整国家机关和部分事业单位工作人员奖励工资（奖金）标准的通知》（人薪发〔1992〕4号）。

3月31日，人事部、财政部、国务院机关事务管理局发布《关于调整中央国家机关工作人员奖励工资（奖金）标准的通知》（人薪发〔1992〕5号）。

5月20日《劳动部关于下发〈关于岗位技能工资制试点工作有关问题的意见〉的通知》（劳薪字〔1992〕30号）发布。

6月1日，劳动部、国家经济体改委联合发布《股份制试点企业劳动工资管理暂行规定》（劳政字〔1992〕9号）。

8月27日，《劳动部、国务院经贸办印发〈关于改进完善全民所有制企业经营者收入分配办法的意见〉的通知》（劳薪字〔1992〕36号）发布。

9月29日，《劳动部、中国人民银行关于修改〈工资基金管理手册〉的通知》（劳计字〔1992〕66号）发布。

同日，《劳动部、财政部关于将副食品等价格补贴纳入企业挂钩工资总额基数的通知》（劳薪字〔1992〕39号）发布。

10月10日，劳动部、国家计委、国家体改委、国务院经贸办印发《关于国家试点企业集团劳动工资管理的实施办法（试行）》的通知（劳政字〔1992〕12号）。

12月26日，《劳动部关于从一九九三年起普遍实行动态调控的弹性劳动工资计划的通知》（劳计字〔1992〕82号）发布。

1993年

2月2日，劳动部印发《劳动部关于实施〈全民所有制工业企业转换经营机制条例〉的意见》的通知（劳政字〔1993〕3号）。

3月20日，《劳动部关于行业部门实行动态调控的弹性劳动工资计划的通知》（劳计字〔1993〕15号）发布。

5月13日，劳动部印发《关于进一步深化岗位技能工资制试点工作的意见》的通知（劳部发〔1993〕41号）。

6月22日，劳动部、国家经济贸易委员会、国家经济体制改革委员会联合发布《关于印发〈全民所有制企业工资总额管理暂行规定〉的通知》（劳部发〔1993〕138号）。

7月9日，劳动部、财政部、国家计划委员会、国家经济体制改革委员会、国家经济贸易委员会《关于发布〈国有企业工资总额同经济效益挂钩规定〉的通知》（劳部发〔1993〕161号）发布。

10月8日，《国务院办公厅转发劳动部关于加强企业工资总额宏观调控意见的通知》（国办发〔1993〕69号）发布。

11月5日，劳动部印发《关于加强企业工资总额宏观调控的实施意见》的通知（劳部发〔1993〕299号）。

11月15日，国务院《关于机关和事业单位工作人员工资制度改革问题的通知》（国发〔1993〕79号）发布。

11月22日，朱家甄副部长出席朱镕基副总理主持召开的国务院第15次总理办公会议，研究机关、事业单位工资改革的有关问题。

11月24日，劳动部发布《企业最低工资规定》（劳部发〔1993〕

333 号）。

12 月 4 日，《国务院办公厅关于印发机关、事业单位工资制度改革三个实施办法的通知》（国办发〔1993〕85 号）发布。

12 月 21 日，《劳动部关于印发〈劳动部关于建立社会主义市场经济体制时期劳动体制改革总体设想〉的通知》（劳部发〔1993〕411 号）发布，提出企业工资制度改革的目标是建立市场机制决定、企业自主分配、政府监督调控的新模式。

1994 年

1 月 29 日，《人事部关于印发〈关于机关、事业单位工资制度改革实施中若干问题的规定〉的通知》（人薪发〔1994〕3 号）发布。

2 月 8 日，劳动部、财政部、国家经贸委《关于深化企业工资改革适当解决部分企业工资问题的意见的通知》（劳部发〔1994〕72 号）发布。

5 月 13 日，劳动部发布《关于加强国有企业经营者工资收入和企业工资总额管理的通知》（劳部发〔1994〕222 号）。

7 月 5 日，第八届全国人民代表大会常务委员会第八次会议通过《中华人民共和国劳动法》（国家主席令第 28 号）。

8 月 11 日，《劳动部、对外贸易经济合作部关于印发〈外商投资企业劳动管理规定〉的通知》（劳部发〔1994〕246 号）发布。

10 月 8 日，《劳动部关于实施最低工资保障制度的通知》（劳部发〔1994〕409 号）发布。

12 月 3 日，《劳动部、国家体改委关于印发〈股份有限公司劳动工资管理规定〉的通知》（劳部发〔1994〕497 号）发布。

12 月 5 日，《劳动部关于进行集体协商签订集体合同试点工作的意见》（劳部发〔1994〕486 号）发布。

12 月 6 日，《劳动部关于印发〈工资支付暂行规定〉的通知》

（劳部发〔1994〕489号）发布。

12月29日，《劳动部、中国人民银行关于各类企业全面实行〈工资总额使用手册〉制度的通知》（劳部发〔1994〕539号）发布。

1995年

3月3日，《劳动部关于改进完善弹性劳动工资计划办法的通知》（劳部发〔1995〕122号）发布。

4月21日，《劳动部、财政部、审计署关于颁发〈国有企业工资内外收入监督检查实施办法〉的通知》（劳部发〔1995〕218号）发布。

4月24日，《人事部、财政部关于印发〈有条件的事业单位实行工资总额同经济效益指标挂钩暂行办法〉的通知》（人计发〔1995〕51号）发布。

5月12日，《劳动部关于印发〈对工资支付暂行规定有关问题的补充规定〉的通知》（劳部发〔1995〕226号）发布。

5月25日，国务院副总理吴邦国亲临劳动部，听取工作汇报并做了重要指示。

6月9日，《劳动部、国家经贸委关于印发〈现代企业制度试点企业劳动工资社会保险制度改革办法〉的通知》（劳部发〔1995〕258号）发布。

7月3日，《劳动部、财政部关于印发〈境外企业工资总量宏观调控和社会保险制度改革办法〉的通知》（劳部发〔1995〕237号）发布。

11月1日，人事部、中国人民银行、中国工商银行、中国农业银行、中国人民建设银行、中国银行、交通银行联合发布《关于进一步加强机关、事业单位工资总额的调控和工资基金管理的通知》（人计发〔1995〕134号）。

1996年

4月8日，人事部发布《关于有突出贡献的中青年科学、技术、管理专家奖励晋升工资有关问题的通知》（人发〔1996〕35号）。

5月8日，《财政部、国家税务总局关于调整计税工资扣除限额的通知》（财税〔1996〕43号）发布。

5月21日，《劳动部关于印发〈劳动事业发展"九五"计划和2010年远景目标纲要〉的通知》（劳部发〔1996〕177号）发布，提出"九五"时期企业工资分配制度改革和工资增长的主要目标是：到2000年，初步建立起以按劳分配为主体的市场机制决定、企业自主分配、政府监督调控的工资分配体制。

6月7日，劳动部、国家计委联合发布《关于对部分行业、企业实行工资控制线办法的通知》（劳部发〔1996〕198号）。

12月12日，《劳动部、财政部关于改进完善企业工资总额同经济效益挂钩办法的通知》（劳部发〔1996〕409号）发布。

1997年

1月30日，劳动部发布《关于印发〈试点地区工资指导线制度试行办法〉的通知》（劳部发〔1997〕27号）。

2月7日，《劳动部印发〈关于"九五"时期企业工资工作的主要目标和政策措施〉的通知》（劳部发〔1997〕44号）发布。

2月14日，《劳动部关于印发〈外商投资企业工资收入管理暂行办法〉的通知》（劳部发〔1997〕46号）和《劳动部办公厅关于印发〈外商投资企业工资集体协商的几点意见〉的通知》（劳办发〔1997〕19号）发布。

3月至12月，劳动部对全国31个省份450家企业1994年至1996年职工收入状况进行了抽样调查，并完成《企业工资状况统计分析资料》。

5月27日，《劳动部、国家计委、财政部、审计署、国家统计局印发〈关于开展国有企业工资外收入综合治理工作的意见〉的通知》

（劳部发〔1997〕178 号）发布。

9 月 15 日，劳动部、财政部、审计署联合发布《关于成立劳动部、财政部、审计署企业工资内外收入监督检查领导小组的通知》（劳部发〔1997〕273 号）。

1998 年

3 月 19 日，中国人民银行、中共中央组织部、人事部、劳动部发布《关于当前加强银行（保险）人事、工资管理工作若干问题的紧急通知》（银发〔1998〕110 号）。

7 月 9 日，《人事部、财政部关于机关实行职级工资制的部分人员正常晋升级别工资问题的通知》（人发〔1998〕51 号）发布。

1999 年

6 月 25 日至 26 日，江泽民在青岛主持召开华东七省市国有企业改革和发展座谈会，强调建立现代企业制度，要完善企业分配机制，调动职工和经营者的积极性。

8 月 31 日，国务院办公厅转发《人事部财政部关于调整机关事业单位工作人员工资标准和增加离退休人员离退休费三个实施方案的通知》（国办发〔1999〕78 号）。

10 月 8 日，人事部、财政部、科技部、国家经贸委发布《关于 242 个转制的科研机构执行调整工资标准和增加离退休费政策有关问题的通知》（人发〔1999〕111 号）。

10 月 25 日，劳动和社会保障部下发《关于建立劳动力市场工资指导价位制度的通知》（劳社部发〔1999〕34 号）。

2000 年

3 月 17 日，劳动和社会保障部发布《关于职工全年月平均工作时间和工资折算问题的通知》（劳社部发〔2000〕8 号）。

8 月 11 日，《劳动和社会保障部、财政部关于做好 2000 年企业工资总额同经济效益挂钩工作的通知》（劳社部发〔2000〕16号）发布。

11月6日，劳动和社会保障部发布《关于印发进一步深化企业内部分配制度改革指导意见的通知》（劳社部发〔2000〕21号）。

11月8日，张左己部长签署劳动和社会保障部第9号令，发布实施《工资集体协商试行办法》。

2001年

2月24日，国务院办公厅转发《人事部、财政部关于调整机关事业单位工作人员工资和增加离退休人员离退休费四个实施方案的通知》（国办发〔2001〕14号）。

2003年

1月5日，国务院办公厅发布《关于做好农民进城务工就业管理和服务工作的通知》（国办发〔2003〕1号）。

5月30日，劳动和社会保障部发布《关于非全日制用工若干问题的意见》（劳社部发〔2003〕12号），对非全日制用工的工资支付做出规定。

9月30日，劳动和社会保障部、建设部联合发布《关于切实解决建筑业企业拖欠农民工工资问题的通知》（劳社部发〔2003〕27号）。

2004年

1月20日，郑斯林同志签发劳动和社会保障部第21、22号令，颁布实施《最低工资规定》和《集体合同规定》。

6月2日，国务院召开会议研究清理建设领域拖欠工程款和农民工工资等有关工作。

7月24日，劳动和社会保障部、中华全国总工会联合开展"贯彻实施《最低工资规定》宣传周"活动。

9月6日劳动和社会保障部与建设部联合发布《关于印发〈建设领域农民工工资支付管理暂行办法〉的通知》（劳社部发〔2004〕

2 号）。

11 月 1 日，劳动和社会保障部办公厅、建设部办公厅、中华全国总工会办公厅联合发布《关于开展农民工工资支付情况专项检查活动的通知》（劳社厅函〔2004〕368 号）。

2005 年

2 月 6 日，劳动和社会保障部发布《关于进一步推进工资集体协商工作的通知》（劳社部发〔2005〕5 号）。

4 月 25 日，国务院秘书长华建敏主持召开会议，研究改革公务员工资制度和规范公务员收入分配秩序问题。

9 月 2 日，劳动和社会保障部、建设部、公安部、监察部、司法部、（国家）工商行政管理总局、中国人民银行、（中华）全国总工会、中国银行业监督管理委员会联合发布《关于进一步解决拖欠农民工工资问题的通知》（劳社部发〔2005〕23 号）。

2006 年

3 月 31 日，国务院组织召开工作会议，研究进一步做好改革公务员工资制度和规范公务员收入分配秩序。

4 月 17 日，田成平、华福周同志出席解决企业工资拖欠问题部际联席会议第一次全体会议。

9 月 19 日，劳动和社会保障部、建设部、公安部、全国总工会联合发布《关于开展农民工工资支付情况专项检查活动的通知》（劳社部函〔2006〕202 号）。

2007 年

6 月 12 日，劳动和社会保障部发布《关于进一步健全最低工资制度的通知》（劳社部函〔2007〕20 号）。

7 月 16 日，国务院召开会议研究建立企业工人工资正常增长制度有关问题。

2008 年

8 月 2 日，国务院召开会议研究解决企业工资历史拖欠问题。

11 月 14 日，国务院组织会议研究义务教育学校工作人员工资待遇问题。

12 月 29 日，人力资源和社会保障部、财政部、教育部在京联合召开全国义务教育学校实施绩效工资工作部署会。

2009 年

4 月 14 日，国务院召开会议研究《事业单位绩效工资的意见（稿）》和《关于卫生事业单位实施绩效工资的指导意见（稿）》。

9 月 2 日，国务院召开常务会议讨论《关于公共卫生与基层医疗卫生事业单位实施绩效工资的指导意见送审稿》和《关于实施事业单位绩效工资的意见送审稿》。

11 月 13 日，国务院召开公共卫生与基层医疗卫生事业单位实施绩效工资工作会议。

12 月 24 日，人力资源和社会保障部、财政部、卫生部《关于印发公共卫生与基层医疗卫生事业单位实施绩效工资的指导意见的通知》（人社部发〔2009〕182 号）发布。

2011 年

7 月 5 日，中国企业薪酬和公务员工资水平调查领导小组第一次会议召开。

2012 年

12 月 29 日，国务院国有资产监督管理委员会令第 30 号发布《中央企业负责人经营业绩考核暂行办法》。

2013 年

1 月 4 日、6 日、7 日，人力资源和社会保障部部长尹蔚民三次参加温家宝主持召开的会议，分别听取有关部门同志、专家学者和地方负责同志对《关于深化收入分配制度改革若干意见（修改稿）》的意见和建议。

2月3日，国务院批转发展改革委等部门《〈关于深化收入分配制度改革的若干意见〉的通知》（国发〔2013〕6号）。

8月底，中华人民共和国监察部、中华人民共和国人力资源和社会保障部、中华人民共和国财政部、中华人民共和国审计署令第31号公布《违规发放津贴补贴行为处分规定》。

12月19日，人力资源和社会保障部会同国家发改委、公安部、财政部、住建部、交通运输部、水利部、国务院国资委、国家工商总局、中华全国总工会联合召开春节前保障农民工工资支付工作视频会议。

2014年

8月18日，习近平主持召开中央全面深化改革领导小组第四次会议并指出，要从我国社会主义初级阶段基本国情出发，适应国有资产管理体制和国有企业改革进程，逐步规范国有企业收入分配秩序，实现薪酬水平适当、结构合理、管理规范、监督有效，对不合理的偏高、过高收入进行调整。

8月29日，中共中央政治局召开会议审议通过了《中央管理企业负责人薪酬制度改革方案》。

11月15日，人力资源社会保障部等部门发布《关于开展农民工工资支付情况专项检查的通知》（人社部明电〔2014〕7号）。

2015年

1月13日，人社部召开深化国有企业负责人薪酬制度改革工作领导小组办公室会议，研究中央企业负责人薪酬制度改革配套文件。

5月5日，邱小平副部长参加中央全面深化改革领导小组经济体制和生态文明体制改革专项小组有关就业援助、国有企业负责人薪酬制度改革议题的专题会议。

8月24日，中共中央、国务院发布《关于深化国有企业改革的指导意见》，提出对国有企业领导人员实行与选任方式相匹配、与企业功能性质相适应、与经营业绩相挂钩的差异化薪酬分配方法。

10月27日，张义珍副部长参加国务院副秘书长肖亚庆主持召开的关于中央其他事业单位绩效工资问题座谈会。

10月28日，邱小平副部长参加国务院会议，研究国有企业负责人薪酬制度改革有关工作。

2015年底，人力资源和社会保障部发布《关于进一步做好最低工资标准调整工作的通知》（人社部发〔2015〕114号）。

2016年

1月17日，国务院办公厅发布《关于全面治理拖欠农民工工资问题的意见》（国办发〔2016〕1号）。

2月26日，《财政部、科技部、国资委关于印发〈国有科技型企业股权和分红激励暂行办法〉的通知》（财资〔2016〕4号）发布。

3月16日，十二届全国人大四次会议审查通过了《中华人民共和国国民经济和社会发展第十三个五年规划纲要》。纲要对完善科技成果转化和收益分配机制做出要求，集中论述了缩小收入差距的要求。

8月2日，国务院国有资产监督管理委员会、财政部、中国证券监督管理委员会《关于印发〈关于国有控股混合所有制企业开展员工持股试点的意见〉的通知》（国资发改革〔2016〕133号）发布。

8月5日，国务院办公厅转发《人社部、财政部关于调整机关事业单位工作人员基本工资标准和增加机关事业单位离休人员离休费三个实施方案的通知》（国办发〔2016〕62号）。

2016年底，人社部和财政部发布在京中央有关事业单位实施绩效工资的文件。

12 月 8 日，国务院国资委发布《中央企业负责人经营业绩考核暂行办法》（国务院国有资产监督管理委员会令第 33 号）。

2017 年

1 月 24 日，人力资源和社会保障部、财政部、国家卫生计生委、国家中医药管理局联合发布《关于开展公立医院薪酬制度改革试点工作的指导意见》（人社部发〔2017〕10 号）。

9 月 25 日，《人力资源社会保障部关于印发〈拖欠农民工工资"黑名单"管理暂行办法〉的通知》（人社部规〔2017〕16 号）发布。

12 月 6 日，《国务院办公厅关于印发保障农民工工资支付工作考核办法的通知》（国办发〔2017〕96 号）发布。

2018 年

1 月 23 日，中央全面深化改革领导小组第二次会议审议通过《关于提高技术工人待遇的意见》。

3 月，中共中央办公厅、国务院办公厅印发《关于提高技术工人待遇的意见》。

5 月 2 日，人社部、财政部发布《关于建立企业薪酬调查和信息发布制度的通知》（人社部发〔2018〕29 号）。

5 月 25 日，国务院印发《关于改革国有企业工资决定机制的意见》（国发〔2018〕16 号）。

附录2
历年 GDP，全国企业、事业、机关单位职工平均工资及居民收入

单位：元/年

年份	GDP（亿元）	职工平均工资							城镇居民人均可支配收入	农村居民人均纯收入
		合计	企业				事业	机关		
			合计	国有单位	集体单位	其他单位				
1978 年	3678.7								343.4	133.6
1979 年	4100.5								405	160.2
1980 年	4587.6								477.6	191.3
1981 年	4935.8								500.4	223.4
1982 年	5373.4								535.3	270.1
1983 年	6020.9								564.6	309.8
1984 年	7278.5								652.1	355.3
1985 年	9098.9								739.1	397.6
1986 年	10376.2	1329	1264	1369	1037	1550	1299	1300	900.9	423.8
1987 年	12174.6								1002.1	462.6
1988 年	15180.4								1180.2	544.9
1989 年	17179.7								1373.9	601.5
1990 年	18872.9								1510.2	686.3
1991 年	22005.6	2140	2148	2347	1674	2985	2119	2107	1700.6	708.6
1992 年	27194.5								2026.6	784
1993 年	35673.2								2577.4	921.6
1994 年	48637.5								3496.2	1221
1995 年	61339.9	5500	5345	5663	3896	7462	5499	5542	4283	1577.7

附录2　历年GDP，全国企业、事业、机关单位职工平均工资及居民收入

续表

| 年份 | GDP（亿元） | 职工平均工资 | | | | | | | | 城镇居民人均可支配收入 | 农村居民人均纯收入 |
| | | 合计 | 企业 | | | | 事业 | 机关 | | | |
			合计	国有单位	集体单位	其他单位					
1996 年	71813.6	6210	5930	6249	4255	8261	6241	6352		4838.9	1926.1
1997 年	79715	6470	6322	6647	4443	8788	6867	6990		5160.3	2090.1
1998 年	85195.5	7479	7405	7644	5264	8970	7620	7740		5425.1	2162
1999 年	90564.4	8346	8168	8350	5670	9828	8665	8925		5854	2210.3
2000 年	100280.1	9371	9189	9324	6144	10985	9634	10020		6280	2253.4
2001 年	110863.1	10870	10453	10619	6667	12140	11491	12125		6859.6	2366.4
2002 年	121717.4	12422	11873	12109	7426	13206	13246	14005		7702.8	2475.6
2003 年	137422	14040	13578	14028	8401	14575	14564	15736		8472.2	2622.2
2004 年	161840.2	16024	15559	16336	9513	16255	16489	17869		9421.6	2936.4
2005 年	187318.9	18364	17853	19069	10809	18242	18720	20828		10493	3254.9
2006 年	219438.5	21001	20555	22246	12547	20756	21259	23360		11759.5	3587
2007 年	270232.3	24932	24046	25548	14882	24053	25805	28763		13785.8	4140.4
2008 年	319515.5	29229	28359	30780	17616	28388	29758	33869		15780.8	4760.6
2009 年	349081.4	32736	31622	34778	20041	31362	34053	37397		17174.7	5153.2
2010 年	413030.3	37147	36256	39938	23338	35891	38411	40512		19109.4	5919
2011 年	489300.6	42452	42020	46288	28115	41550	43254	44303		21809.8	6977.3
2012 年	540367.4	47593	47284	51698	33274	46780	48426	48513		24564.7③	7916.6
2013 年	595244.4	52388	52270	56962	38322	52032	53291	51894		26955.1	8895.9
2014 年	643974	57361	57359	62236	42036	57164	58125	55939		29381	9892
2015 年	689052.1	63241	61904	67303	45857	61655	67828	65829		31790.3	10772
2016 年	741140.4	68993	66580	71533	49100	66437	76216	75124		33616.2	12363

注：①1995 年以后为在岗职工平均工资。②2013 年前城镇居民、农村居民收入数据分别来源于独立开展的农村住户抽样调查、城镇住户抽样调查。③作者认为此数据没有错误。

数据来源：国家统计局。

参考文献

［1］陈守海：《实施企业经营者年薪制的难点及对策》，《劳动理论及实践》1998 年第 9 期。

［2］谌新民、黄瀚君：《诊断国企年薪制》，《中外管理导报》1998 年第 2 期。

［3］《邓小平文选》第 2 卷，人民出版社，1994。

［4］冯春明：《关于年薪制的理论和实践》，《南京社会科学》2000 年第 S2 期。

［5］高亚男：《以深化国有企业改革为核心　稳妥推进经营者年薪制试点——访劳动部综合计划与工资司司长祝晏君》，《中国劳动科学》1997 年第 11 期。

［6］韩兆州等：《劳动工资与社会保障——广东最低工资调研与统计测算模型研究》，经济科学出版社，2006。

［7］何平、练岑、马小丽：《社会主义市场经济下的企业工资体制》，《经济研究》1993 年第 10 期。

［8］何宪：《改革完善公务员工资制度研究》，中国人事出版社，2015。

［9］何宪：《公平与激励——中国公务员工资制度探析》，中国人事出版社，2017。

［10］胡宗万：《2016 年最低工资标准调整地区间协调程度评估研究》，《调研世界》2017 年第 5 期。

［11］胡宗万：《适时适度规范调整　最低工资制度不断完善》，《中国人力资源社会保障》2017 年第 12 期。

[12] 胡宗万：《新常态下完善最低工资标准调整机制的思考》，《中国劳动》2015 年第 23 期。

[13] 黄黎：《为"按劳分配"正名：1977－1978 年的按劳分配理论讨论会始末》，中国共产党新闻网，http：//dangshi. people. com. cn/GB/138903/138911/9735569. html。

[14] 贾东岚：《国外最低工资》，中国劳动社会保障出版社，2014。

[15] 贾朋、张世伟：《最低工资标准提升的溢出效应》，《统计研究》2013 年第 4 期。

[16] 《经济学动态》编辑部：《北京第四次按劳分配理论讨论会简况》，《经济学动态》1979 年第 1 期。

[17] 《经济学动态》编辑部：《北京关于按劳分配问题第三次讨论会情况和论点简介》，《经济学动态》1978 年第 1 期。

[18] 《〈劳动法〉——劳动者合法权益的法律保障——就〈劳动法〉的颁布实施国家劳动部法规司司长陈刚同志答本刊记者》，《党政干部学刊》1994 年第 12 期。

[19] 劳动和社会保障部劳动工资司编写《企业工资分配政策问答及案例精选》，中国物资出版社，2003。

[20] 劳动和社会保障部劳动工资研究所编《我国企业薪酬热点问题剖析》，中国劳动社会保障出版社，2007。

[21] 李珂：《最低工资标准的传导效应对企业经营管理行为的影响》，《中国劳动关系学院学报》2012 年第 3 期。

[22] 李唯一：《中国工资制度》，中国劳动出版社，1991。

[23] 理兴：《企业工资集体协商谈判的特点、作用及应注意的问题》，《财经论丛》（浙江财经大学学报）1996 年第 4 期。

[24] 廖永红：《我国企业年薪制的实施情况及若干亟待解决的问题》，《特区经济》1998 年第 7 期。

[25] 刘杰三、王文华：《中国工资管理辞典》，中国劳动出版社，1996。

[26] 刘军胜：《企业如何避免侵害劳动者工资权益风险》，《企业管理》2010 年第 1~2 期。

[27] 刘军胜：《我国企业欠薪防范机制研究》，载田小宝主编《探索与创新——劳科院 2012 青年科研成果集》，中国劳动社会保障出版社，2012。

[28] 刘军胜：《中国工资支付保障立法研究》，法律出版社，2014。

[29] 刘学民主编《中国薪酬发展报告（2010 年）》，中国劳动社会保障出版社，2011。

[30] 鲁建彪：《关于推行国有企业经营者年薪制的理论思考》，《云南民族学院学报》（哲学社会科学版）2001 年第 4 期。

[31] 罗小兰：《最低工资、最低生活保障与就业积极性：上海的经验分析》，《南京审计学院学报》2007 年第 3 期。

[32] 马双、张劼、朱喜：《最低工资对中国就业和工资水平的影响》，《经济研究》2012 年第 5 期。

[33] 马小丽：《构建企业人工成本宏观监测系统》，中国劳动社会保障出版社，2014。

[34] 宁向东等：《国有企业改革董事会建设》，中国发展出版社，2013。

[35] 彭克宏：《全国第五次按劳分配理论讨论会简况》，《马克思主义研究》1983 年第 2 期。

[36] 邱小平：《工资收入分配》，中国劳动社会保障出版社，2004。

[37] 邱宁主编《国有企业改革实录（1998~2008）》，经济科学出版社，2014。

[38] 苏海南：《收入分配之我见》，中国财政经济出版社，2011。

[39] 苏海南、王学力、刘秉泉、廖春阳：《最低工资制讨论中的几个热点问题》，《开放导报》2006 年第 5 期。

［40］ 苏海南：《我国最低工资立法问题研究》，《经济研究参考》1993年第 Z1 期。

［41］ 孙慧敏：《我国工资集体协商的社会条件及政府的适度介入》，《天津师范大学学报》（社会科学版）2001 年第 6 期。

［42］ 孙冶方：《社会主义经济论稿》，广东经济出版社，1998。

［43］ 仝新顺、张树军：《年薪制的理论与实践》，《经济经纬》1997年第 4 期。

［44］《推动合理收入分配格局还有那些新举措？发改委回应》，中国新闻网，http://www.chinanews.com/cj/2018/06－15/8538663.shtml，2018 年 6 月 15 日。

［45］ 王崇光等：《关于国有企业经营者年薪制改革的基本构想》，《经济管理》1995 年第 9 期。

［46］ 王美艳：《中国最低工资制度的设计和执行》，《宏观经济研究》2013 年第 7 期。

［47］ 王榕：《王榕工资工作文集》，中国工人出版社，1998。

［48］ 王忠禹：《国企改革攻坚纪实》，企业管理出版社，2010。

［49］ 吴志育、朱群力：《上虞市部分企业经营者年薪制实施情况调查》，《浙江经济》1994 年第 11 期。

［50］ 夏俊生、李烽：《北京百万职工告别八级工资制》，《人民日报》1994 年 8 月 10 日第 2 版。

［51］ 肖守中：《最低工资制度在中国的发展及其影响》，《统计与决策》2005 年第 21 期。

［52］ 薛暮桥：《当前我国经济若干问题》，人民出版社，1980。

［53］ 杨娟、李实：《最低工资提高会增加农民工收入吗?》，《经济学（季刊）》2016 年第 3 期。

［54］ 杨时旺：《工资理论与工资改革》，陕西人民出版社，1993。

［55］《以深化国有企业改革为核心　稳妥推进经营者年薪制试点——访劳动部综合计划与工资司司长祝晏君》，《中国劳动科学》1997年第 11 期。

［56］尹蔚民主编《民生为本　人才优先——人力资源社会保障事业十年发展（2002－2012）》，人民出版社、中国劳动社会保障出版社，2012。

［57］张文魁、袁东明：《中国经济改革 30 年（1978～2008）》（国有企业卷），重庆大学出版社，2008。

［58］张燕喜：《透视"年薪制"》，《理论前沿》2000 年第 22 期。

［59］祝晏君：《工资收入分配》，中国劳动社会保障出版社，2001。

图书在版编目（CIP）数据

中国工资收入分配改革与发展：1978－2018／谭中
和等著． —— 北京：社会科学文献出版社，2019.10
ISBN 978－7－5201－5210－5

Ⅰ．①中… Ⅱ．①谭… Ⅲ．①工资－收入分配－分配
制度改革－研究－中国－1978－2018 Ⅳ．①F249.24

中国版本图书馆 CIP 数据核字（2019）第 150553 号

中国工资收入分配改革与发展（1978~2018）

著　　者／谭中和 等

出 版 人／谢寿光
组稿编辑／恽　薇　陈凤玲
责任编辑／陈凤玲

出　　　版／社会科学文献出版社·经济与管理分社（010）59367226
　　　　　　地址：北京市北三环中路甲 29 号院华龙大厦　邮编：100029
　　　　　　网址：www. ssap. com. cn
发　　　行／市场营销中心（010）59367081　59367083
印　　　装／三河市尚艺印装有限公司

规　　　格／开　本：787mm × 1092mm　1/16
　　　　　　印　张：15. 75　字　数：200 千字
版　　　次／2019 年 10 月第 1 版　2019 年 10 月第 1 次印刷
书　　　号／ISBN 978－7－5201－5210－5
定　　　价／99. 00 元

本书如有印装质量问题，请与读者服务中心（010－59367028）联系